KB092423

보고 혁명

지은이 이성윤 bettercommlab@naver.com

연세대학교 경영학과 재학 시절 5개 기업에서 인턴 생활을 하고, 졸업 후 현재까지 국내 대기업·글로벌 기업·중견기업 등에서 약 14년간 회사 생활을 하고 있다.

팀원이었을 때는 수십 명의 팀장과 일하며 다양한 주제의 보고서를 셀 수 없을 만큼 작성했고, 팀장이 된 후에는 팀원들에게 보고 지시를 하는 피보고자의 역할을 하고 있다.

많은 보고서를 작성하고, 검토하면서 '어떻게 하면 더 빠르고 간단하게 상사를 만족시키는 보고서를 만들 수 있을까?'를 고심하며 연구했고, 직장인의 실무에 혁명이 될 만한 보고 공식을 만들었다.

회사의 커뮤니케이션 수단이자 핵심 평가 요소이며, 개인의 스트레스와 워라밸에 큰 영향을 끼치는 보고서를 많은 후배 직장인들이 더 쉽게 작성할 수 있도록 이 책을 통해 노하우를 공유한다.

(현) 아디다스코리아 팀장
(전) BGF 리테일(구. 보광훼미리마트) 공채
(전) 피죤
(전) 제네시스 BBQ 공채

현직 팀장들이 검증하는 실무 보고서 작성법

보고 혁명

초판 1쇄 발행 2024년 6월 14일

지은이 이성윤 / **펴낸이** 전태호
펴낸곳 한빛미디어(주) / **주소** 서울특별시 서대문구 연희로2길 62 한빛미디어(주) IT출판1부
전화 02-325-5544 / **팩스** 02-336-7124
등록 1999년 6월 24일 제25100-2017-000058호 / **ISBN** 979-11-6921-223-6 13000

총괄 배윤미 / **책임편집** 장용희 / **기획 · 편집** 진명규 / **교정** 강민철
디자인 최연희 / **전산편집 · 일러스트** 김보경
영업 김형진, 장경환, 조유미 / **마케팅** 박상용, 한종진, 이행은, 김선아, 고광일, 성화정, 김한솔 / **제작** 박성우, 김정우

이 책에 대한 의견이나 오탈자 및 잘못된 내용은 출판사 홈페이지나 아래 이메일로 알려주십시오.
파본은 구매처에서 교환하실 수 있습니다. 책값은 뒤표지에 표시되어 있습니다.

한빛미디어 홈페이지 www.hanbit.co.kr / 이메일 ask@hanbit.co.kr

지금 하지 않으면 할 수 없는 일이 있습니다.
책으로 펴내고 싶은 아이디어나 원고를 메일(writer@hanbit.co.kr)로 보내주세요.
한빛미디어(주)는 여러분의 소중한 경험과 지식을 기다리고 있습니다.

현직 팀장들이 검증하는 실무 보고서 작성법

보고
혁명

이성윤 지음

한빛미디어
Hanbit Media, Inc.

"세상이 점점 빠르게 변하고 치열해질수록
보고 능력은 중요해진다."

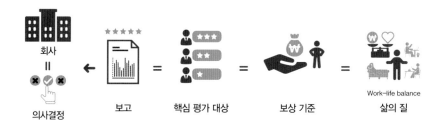

4차 산업혁명 시대, 세상은 더욱 복잡해지고, 점점 다양해지고 있다.
이로 인해 기업은 과거와 비교할 수 없을 정도로 더 많은
'의사결정'을 내려야 하는 상황이 발생한다.

이때 '보고'는 조직의 제한된 리소스를 활용해 최상의 의사결정을 돕는 역할을 한다.
그만큼 '보고'는 기업의 의사결정을 이끄는 가장 중요한 핵심 요소이다.

"이 책을 통해 현재의 직장 생활에 작은 변화를 만들고,

나아가 여러분의 삶에 큰 변화가 있기를

진심을 담아 바라고, 기원합니다."

이성윤

회사 만족도와 워라밸의 시작은 보고 능력

대학생 시절 인턴 5개 기업, 졸업 후 중견기업, 국내 대기업, 글로벌 기업을 거쳐 14년 넘게 회사에서 일하면서도 늘 어렵고 고민하는 일이 있다. 바로 '보고' 업무이다. 조직에서 일하는 직장인이면 대부분 공감할 것이다.

시간이 갈수록 업무 스킬과 노하우가 쌓이고 다양한 삶의 경험이 많아져, 상대방의 의도를 파악하는 능력이 훨씬 좋아졌다. 그래도 여전히 보고는 힘들고 쉽지 않은 업무이다. 물론 연차가 낮을 때보다는 훨씬 수월하긴 하다. 하지만 연차나 직급이 어느 정도 있는 직장인이라면 그만큼 보고의 중요성과 부담감은 더 커진다.

'기업 = 보고'라는 말처럼 기업은 보고로 시작해서 보고로 끝난다. 회사에서 어떤 문제가 생기면 상사에게 구두로 보고한 후 보고서를 작성하고, 여러 윗분들 앞에서 프레젠테이션 보고를 할 때도 있다. 또 타 부서와 미팅을 마친 뒤 미팅 결과를 보고하기도 하고, 개인 업무 또한 차후 고과 평가를 받기 위해 '어떤 일을 했는지' 보고하기도 한다.

이렇게 기업의 언어인 '보고'는 업무의 근본이며 기본적인 업무이지만 절대 쉽지 않다. 그래서 다양한 기업이 이런 어려운 보고 업무를 조금 더 편리하고 간편하게 수행하기 위해 다양한 개선책을 내놓는 것이다.

국내에도 이미 잘 알려졌지만 아마존은 '2×2 Matrix Model'을 통해 보고 양식을 통일했다. 또한 회의를 시작하기 30분 전 참석자 모두 '6페이지 분량의 내러티브 메모(Six-Page Narrative Memos)'만 읽고 토론식 회의에 참석한다. 일본 토요타에서는 3만 명이 넘는 직원들이 통일된 보고 양식 한 장으로 보고서를 작성한다. 아마존을 비롯한 애플, 페이스북(현 메타) 등 여러 기업은 파워포인트 장표를 만들지 않는 'NO PPT' 정책을 꽤 오래전부터 시작하였다. 보고서 작성을 위해 많은 시간을 투자하고, 회의를 위해 다양한 보고 자료를 만드는 많은 국내 기업과는 다른 모습이다.

물론 국내에서도 대기업을 중심으로 크게 변하고 있다. 메리츠증권 최희문 대표가 2010년 메리츠종금증권 대표로 취임할 때부터 강조하였던 사항은 '보고의 간소화'였다. 보고서 작성을 통한 대면 보고보다는 메모, 문자메시지, 이메일 등으로 대체해 시간 낭비를 줄이는 문화를 정착시킨 건 잘 알려진 일화이다. 2016년 현대카드의 'PPT 금지령'은 당시 그야말로 충격이었다. 이후로 현대자동차, 두산그룹, KB국민은행 등 여러 기업이 PPT 사용을 금지하거나 최소화하고 있다. 이외에도 2019년 아모레퍼시픽은 PPT 대신 2장짜리 워드 문서 보고 양식을 쓰는 '캐주얼 보고 습관화' 정책을 추진했다.

이처럼 글로벌 기업뿐만 아니라 국내의 많은 기업도 보고 업무가 어렵고 복잡한데다 시간 소비가 많다는 것을 너무 잘 알고 있다. 그렇기에 보고 방식을 가급적 간결하고 효율적으로 개선하고자 하는 것이다. 심지어 최근에는 국내 유명 IT 기업이 'AI를 이용한 보고서 만드는 프로그램'을 개발한다는 소식도 있다.

　다양한 회사를 14년 이상 다닌 필자도 팀원에게 보고를 지시하고 그 보고를 검토하는 위치에 있지만, '보고서 작성하는 법을 가르쳐보라'고 한다면 쉽지 않다. 지금도 필자의 상사에게 해야 하는 보고가 어려울 때가 많다. 그뿐만 아니라 팀원에게 보고 지시를 할 때도 어려울 때가 있다. 나도 '어떻게 보고서를 구성하고 어떤 내용을 포함할까?'에 대해 명확하게 떠오르지 않은 상태에서 팀원에게 보고서에 들어갈 자료를 요청하기도 하기 때문이다.

왜? 뭐가 그렇게 어렵나?

인간관계에서 가장 중요한 능력은 자기표현이며,
현대 경영이나 관리는 커뮤니케이션에 의해 좌우된다.

- 피터 드러커

서불진언(書不盡言) : 글로써는 말을 다 표현할 수 없고
언불진의(言不盡意) : 말로써는 뜻을 다 표현할 수 없다.

- 공자

한 사람의 성공은 15%의 기술 지식과
85%의 언어 표현 능력에 달려있다.

- 데일 카네기

보고는 나만 어려운 게 아니고, 누구에게나 어렵다. 내 머릿속 생각을 남의
머릿속으로 옮기는 것 자체가 어려운 것이다. 그뿐만 아니라 보고를 받는 피보
고자의 지시 목적을 정확히 파악하고 피보고자가 원하는 내용을 보고해야 보고
가 산으로 가지 않는다. 또 보고는 문서로 하는 서면 보고뿐만 아니라 말로 하
는 구두 보고도 잘해야 한다.

통계청의 조사 결과에 따르면 대한민국의 임금 근로자는 2,100만 명이 넘
는다. 5,100만 명 전체 인구의 약 42%이다. 이 어마어마한 수의 근로자들이
보고하는 법을 제대로 교육받지도 못한 채 일하고 있는 것이다. 필자도 그랬지
만 대다수의 근로자가 교육은커녕 보고 관련 서적 하나 받지 못하고, 지금도 보
고 때문에 스트레스에 시달릴 뿐만 아니라 야근을 걱정하고 있는 실정이다.

이렇게 어려운 것을 왜 아무도 가르쳐주지 않는 것인가?

보고를 아무도 가르쳐주지 않는 이유는 간단하다. 보고의 배경, 피보고자의
성향, 과거 히스토리, 보고의 구성, 회사 문화 등 보고에 앞서 고려해야 할 사항

이 너무 많고, 무엇보다 정형화된 구성 요소를 갖춘 보고 포맷(공식)이 없기 때문이다.

그러나 보고서 작성을 잘하는 '일잘러'는 어느 회사, 어느 부서, 어떤 상사를 만나도 잘한다. 그 이유는 보고의 가장 핵심인 피보고자의 의도(보고 목적)를 파악하는 능력과 보고 내용을 구조화하는 능력이 뛰어나기 때문이다. 쉽게 이야기해 '무엇을 보고하라는 말인지, 어떻게 구성해야 하는지'를 잘 알고 있는 것이다. 보고의 목적과 구조는 어느 회사, 부서를 가더라도 절대 변하지 않는 보고의 핵심이다.

보고 능력은 반드시 타고나야만 하는 것인가? 향상시킬 수 없을까?

요즘은 기업의 공채도 점점 없어져 수시로 사원을 뽑고, 평생직장도 없어졌다. 입사 시점부터 다음 커리어를 준비할 정도로 이직이 과거보다 훨씬 흔해지고 당연시되고 있다. 이직하자마자 바로 업무에 투입되고 평가받는 시대인 만큼 나의 업무 능력, 특히 보고 능력이 중요해지고 있다.

기업 문화도 크게 변하고 있다. 과거에는 조직의 협업이 중시되었다면 이제는 개인주의 성향이 강해졌다. 이런 문화에서 바쁜 회사 선배, 동료에게 눈치 보며 보고하는 방법과 팁을 매번 물어볼 수도 없는 게 현실이다.

이 책은 회사 경험이 없는 사회 초년생이나 사원~과장급인 MZ 세대가 '어떻게 하면 보고의 본질을 이해하고, 더 완성도 높은 보고서를 빠르게 만들 수 있을까?'라는 생각에서 시작되었다. 물론 신입 사원도 사수에게 배우거나 그동안 선배들이 작성한 보고 자료를 통해 보고서를 만들 수는 있다. 게다가 보고와 관련된 책은 정말 많다. 그러나 보고에서 가장 중요한 점은 문서를 작성하는 게 아니라 피보고자가 만족해야 한다는 점이다. 필자는 현재 팀장으로서 보고 지시를 하는 피보고자인 동시에 상사에게 보고하는 보고자이다. 누구보다 두 입장을 잘 알기에 보고 지시를 하는 입장과 보고를 받는 입장 모두를 최대한 고려하여 설명하였다. 이 책을 통해 보고를 이해하고 보고 스킬을 배워서 '보고가 독자의 회사 생활에 무기가 될 수 있도록 하자!'라는 목표를 가지고 이 책을 기획하고 집필하였다.

이 책은 4가지 특징이 있다. 첫째, 이 책은 '보고의 100% 정답'을 알려주는 책은 아니다. 사실 보고의 100% 정답은 없다. 단, 이 책을 읽고 업무에 적용한다면 지금보다 훨씬 나아진 보고 능력을 장담한다.

둘째, 이 책은 보고의 다양한 정의와 역할, 속성을 설명해준다. 보고를 이해하고 잘하는 데 매우 중요하지만 누구도 알려주지 않은 것들이다.

셋째, 이 책은 필자 혼자만의 생각과 경험으로 만들지 않았다. 글로벌 기업·

국내 대기업·유니콘 기업 일잘러 팀장 20명의 설문조사와 개별 인터뷰를 통해 그들의 보고에 대한 다양한 인사이트와 노하우, 실제 업무 현장에서의 현실을 충실히 반영하였다. 그뿐만 아니라 과거, 현재 동료들을 포함한 주변 많은 직장인들 그리고 필자의 수업을 수강한 이들의 고민과 경험을 바탕으로 이 책이 탄생하였다.

넷째, 보고서를 읽는 상사의 Needs(필요성)와 Wants(만족도)에 맞춰 보고서를 작성하듯이, 이 책은 독자의 Needs와 Wants에 맞춘 내용으로 구성하였다. 국내에는 수많은 보고서 작성에 대한 책들이 있지만, 대부분 책을 덮고 나면 책의 Key Message(핵심 메시지)가 잘 생각나지 않는다. 또 보고서를 스스로 잘 쓰려면 보고서의 본질과 보고서의 역할 및 특징 등 배경지식이 필요한데 그런 내용을 다룬 책은 거의 없다. 이 책은 독자가 '보고는 3SMART하게! 작성은 B2WHEN으로!'라는 핵심 메시지를 전달하는 데 초점을 맞췄다.

이 책은 보고의 모든 것을 독자 눈높이에 맞춰 최대한 쉽게 표현하였다. 또 중요한 내용은 반복적으로 설명한다. 한 번에 100% 이해하고 실무에 적용하기는 쉽지 않을 수 있다. 그러나 이 책을 반복해서 공부하고 이해하여 실무에서 활용한다면, 더 나은 보고서 작성과 워라밸을 반드시 보장한다.

2장에서 설명하겠지만 보고는 단순히 회사 업무가 아니다. 여러분의 예상보다 훨씬 더 회사 이외의 삶에 큰 영향을 미친다. 회사 생활의 만족도와 워라밸을 통한 삶의 행복은 보고 능력에서 시작된다. 이 책으로 지금보다 더 완성도 높은 보고서를 작성해 여러분의 일과 삶에 큰 도움이 되길 진심으로 고대한다.

시도해보지 않고는 누구도 자신이 얼마만큼 해낼 수 있는지 알지 못한다.

- 푸블릴리우스 시루스

이 책에서 배운 내용을 실제 업무에 적용한다면 누구나 보고를 잘 해낼 수 있다. 보고 능력 때문에 받는 스트레스에서 벗어나 보고 능력 덕분에 회사에서 인정받는 구성원이 되는 날을 고대한다.

이성윤
2024년 6월

이 책에는 어디에서도 볼 수 없었던 국내외 최고 기업 일잘러 팀장 20명 대상 설문조사와 인터뷰 콘텐츠가 있습니다. 일잘러 팀장들의 보고 인사이트를 통해 팀장에게 한 번에 통과되는 보고서 작성법을 익힐 수 있습니다.

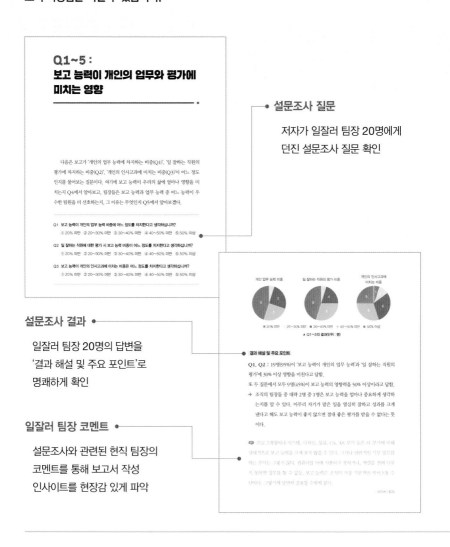

설문조사 질문

저자가 일잘러 팀장 20명에게
던진 설문조사 질문 확인

설문조사 결과

일잘러 팀장 20명의 답변을
'결과 해설 및 주요 포인트'로
명쾌하게 확인

일잘러 팀장 코멘트

설문조사와 관련된 현직 팀장의
코멘트를 통해 보고서 작성
인사이트를 현장감 있게 파악

그뿐만 아니라 저자가 구조화한 'B2WHEN'은 어떤 상황에도 적용할 수 있는 보고서 작성의 공식 법칙입니다. 나아가 구두 보고를 잘하는 방법 등까지 각종 보고 관련 팁을 폭넓게 익힐 수 있습니다.

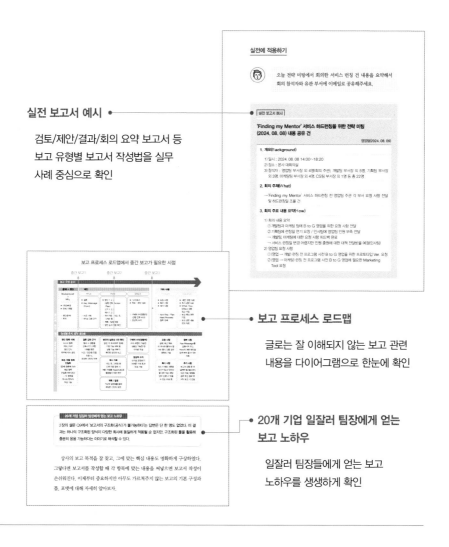

실전 보고서 예시

검토/제안/결과/회의 요약 보고서 등
보고 유형별 보고서 작성법을 실무
사례 중심으로 확인

보고 프로세스 로드맵

글로는 잘 이해되지 않는 보고 관련
내용을 다이어그램으로 한눈에 확인

**20개 기업 일잘러 팀장에게 얻는
보고 노하우**

일잘러 팀장들에게 얻는 보고
노하우를 생생하게 확인

목차

5장   잘 쓴 보고서의 특징

6장   보고서의 완성도를 높이는 다양한 구성 기술

Reporting Revolution

1장

이것도 모르고
보고서를 작성해?

보고서를 잘 쓰기 위해
반드시 알아야 하는 보고의 특징

이 책의 주요 독자는 흔히 'MZ 세대'라고 불리는 1~10년 차의 직장인이다. 직급으로 치면 사원, 대리, 과장, 진급이 빠르다면 차장도 해당될 수 있다. 회사 생활을 하면서 이미 보고에 대해 알고 있겠지만, 이 책 전체를 이해하는 데 배경이 되는 보고의 역할과 속성에 대해 먼저 알아보고자 한다.

보고의 3가지 특징

회사는 기본적으로 영리를 목적으로 한다. 쉽게 말해 돈을 벌기 위해 여러 가지 상품(재화 또는 서비스)을 만들고 이것을 판매하기 위해 기획, 생산, 물류, 판매, 홍보마케팅, 고객 관리, 사후 서비스 대처(AS) 등의 준비 과정을 거친다. 이 과정을 수행하려면 커뮤니케이션이 필요한데, 커뮤니케이션을 위해 조직에서 정한 양식이 바로 보고이다. 보고는 다음과 같은 큰 특징이 있다.

상사를 돕는 서포트 역할

첫째, 보고는 상사의 의사결정을 돕는다. 통계 수치는 없지만 대개 사원~과장급이 하는 보고의 50~60%는 단순한 자료 정리, 현황 확인, 문제 파악 등을 위한 보고일 것이다. 예를 들어 팀장이 이런 식으로 요청한다. "강 대리님, 이번 달 강남역점 매장 매출이 줄었는데 이유가 뭔가요?", "최 대리님, 지금 바쁘지 않으면 올해 경쟁사 남성 메이크업 상품 판매량 좀 바로 보고해줄래요? 우리도 남성 메이크업 제품군을 만들어야 하는지 파악이 필요해서요." 이런 지시는 팀장이 문제를 파악하고 이에 대한 의사결정(필요 조치)을 하기 위해 보고 지시를 내린 것이다.

둘째, 보고는 상사의 보고서 작성을 돕는다. 팀장(상사) 또한 팀원과 마찬가지로 많은 보고 지시를 그 윗분에게 받는다. 계급 집단인 회사는 각 직급에 맞는 권한이 한정되어 있다. 팀장 권한으로 할 수 있는 의사결정이 있는 반면 윗선 관리자 또는 임원, 대표의 동의가 있어야 진행할 수 있는 일이 있다. 여러분의 상사도 그들에게 여러분처럼 보고를 해야 한다. 이때 여러분이 지시받은 보고 요청의 일부는 상사의 보고서 작성을 위한 자료로 활용된다.

이 두 경우처럼 우리의 보고는 상사의 업무를 돕는 중요한 서포트 역할을 한다.

이미 결정된 큰 그림의 작은 부분들을 채우는 역할

스타트업이나 신생 기업이 아니라면 우리가 다니고 있는 대부분의 회사는 이미 수익을 내기 위한 구조가 갖추어진 회사이다. 친구나 지인, 학교 선배와 모여서 사업을 구상하고 기획하는 것이 아니라는 말이다. 즉, 회사의 기본적인 수익 구조가 모두 갖추어진 상황에서 내가 맡은 업무와 관련된 다양한 보고가 발생하는 것이다. A부터 Z까지 모든 내용을 담은 방대한 보고서가 필요한 것이 아니다. 이미 목표를 위해 항해하는 배가 파손, 고장, 결함, 선원들의 갈등 등 문제 상황에서도 잘 항해할 수 있도록 작은 부분을 채우는 역할이 필요한 것과 마찬가지다.

▲ 회사는 매출 목표 달성을 위해 끊임없이 앞으로 나아가야 한다.

상사는 보고서의 모든 내용을 정독하지 않는다

3장에서 자세히 설명하겠지만, 보고의 기본 원칙 3SMART의 3S 중 첫 번째 S는 Simple이다. 대부분의 피보고자는 매우 바쁘고 다양한 문제 상황에서 결정을 내려야 한다. 보고를 받는 사람은 내가 작성한 모든 내용을 자세하고 꼼꼼하게 정독할 시간이 없다. 보고를 요청한 Key Message(핵심 메시지)가 가장 궁금하다.

예를 들어 우리가 음식점에 가서 메뉴를 고를 때 메뉴판에 음식 정보가 아무리 자세히 설명되어 있어도 대부분 음식 사진과 가격을 보고 메뉴를 결정한다. 이와 마찬가지로 꼭 필요한 내용을 포함했지만 장황하게 쓰여 있는 보고서는 좋은 평가를 받지 못한다. 이 부분에 대해서는 뒤에서 여러 번 강조할 것이다.

지금까지 회사에서 보고가 가지는 역할과 속성을 3가지로 나눠서 알아보았다. 이어서는 보고서의 특징을 생명력, 활용도, 중요성의 관점에서 알아볼 것이다. 보고의 특징을 파악하는 것과 마찬가지로 보고서의 특징을 파악하는 것도 이 책 전체를 이해하는 데 큰 역할을 하므로 이어지는 내용도 정독하기를 권한다.

보고서의 생명력 :
보고서는 살아있다?

"기업은 곧 사람이다." 삼성 창업주 이병철 회장이 한 얘기이다. 사람의 몸에서 피가 통하지 않으면 죽듯, 회사도 매출이 발생하지 않으면 망한다. 즉, 기업은 살아있는 생명체라는 말이다.

현재 필자가 다니고 있는 회사인 아디다스의 실제 예를 들어보자. 필자는 매주 월요일 오전 출근하자마자 담당하고 있는 매장의 매출과 판매 제품의 데이터를 꼼꼼히 살펴본다. 이때 주간 또는 월간 매출 타깃보다 지난주 매출이 현격히 줄거나 늘어난 매장, 특이하게 많이 판매된 제품 등이 있으면 즉시 팀원에게 다음과 같이 지시한다.

○○매장, □□매장은 매출이 전주에 비해 50%가 줄었고, ◇◇매장은 타깃과 대비해 130% 성장하고 있는데 그 이유가 무엇인가요? 추가로 삼바 제품 판매율이 현재 출시 2주 만에 45%를 넘었는데, 그 내용을 오후 2시까지 이메일로 보고해주세요.

앞 예시와 같이 팀에서 담당하는 모든 매장의 특이 사항이 확인되었을 때 필자는 보고 받은 내용을 토대로 필자의 상사와 부서장에게 팀 주간 매출 현황을 보고한다. 이때 필자가 보고 받은 일부 내용 중 공유가 꼭 필요한 특이 사항은 상사와 부서장에게 보고한다. 필자가 보고 받은 내용의 일부가 해당 보고에 사용되는 것이다. 아래처럼 메일 내용의 일부로 사용되기도 하고, 이메일에 파일로 첨부되어 매출 현황 보고의 필요 자료로 활용되기도 한다.

여기서 끝이 아니다. 보고 내용 중 반드시 회사의 최고 결정권자(대표)에게까지 보고되어야 하는 내용이 있다면 보고의 일부로 사용하기도 한다.

이처럼 보고는 종류와 중요도에 따라 그 생명력이 끊임없이 이어진다. 구두보고를 제외한 대부분의 문서, 이메일 등의 보고 자료는 회사 서버에 잘 저장되어 회사의 기록으로 축적된다. 이렇게 쌓인 기록은 나중에도 두고두고 동료들이 내용을 참고하거나 수정하고 보완하며 사용된다.

Subject: [1팀(서울 지역) 주간 매간 매출보고(01.08~14)]

안녕하세요. 이〇〇입니다.
[1팀(서울 지역) 주간 매간 매출보고(01.08~14)] 드립니다.

1. 전체 매출 (vs 타깃, 전년)

단위:원

01.08~14	백화점	마트, 몰	로드매장	서울 지역 Total
매출 타깃	320,303,400	250,222,100	49,777,900	620,303,400
실매출	347,998,000	240,299,330	29,700,670	617,998,000
달성율	108.6%	96.0%	59.7%	99.6%

1-1) 1월 오픈 매장
　① 아이파크점 : 25,300,450원 (+115% vs 타깃)
　③ 노원점 : 43,390,040원 (+132% vs 타깃)
1-2) 저매출 매장 (기준 : 타깃 대비 -30% 이상)
　① 양구점 : 15,300,450원 (-35% vs 타깃)
　③ 한대점 : 8,390,040원 (-38% vs 타깃)

▲ 보고 받은 이메일

Subject: 금일 주간 회의를 위한 [영업팀 주간 매출보고(01.08~14)] 건

부서장님, 본부장님 안녕하세요.
금일 주간 회의를 위한 [영업팀 주간 매출보고(01.08~14)] 드립니다.

1. 전체 매출 (vs 타깃, 전년)

단위:원

01.08~14	서울	수도권	지방	Total
매출 타깃	620,303,400	550,222,100	762,001,120	1,932,526,620
실매출	617,998,000	570,299,330	697,339,000	1,885,636,330
달성율	99.6%	103.6%	91.5%	97.6%

2. 매출 분석
   ① 지난 주말 전지역 토, 일(13, 14) 강우로 인한 고객유입 감소로 인한 매출 하락(Total : -2.4% vs 타깃)
   ② 지방 지역 로드샵의 상권약화로 인한 서울, 수도권 대비 매출 감소폭 확대 (지방 : -8.5% vs 타깃)

3. 특이사항
   3-1) 1월 오픈 매장
       ① 아이파크점 : 25,300,450원 (+115% vs 타깃)
       ② 노원점 : 43,390,040원 (+132% vs 타깃)
       ③ 영광점 : 55,330,000원 (+120% vs 타깃)
   3-2) 특이사항 - 저매출 매장 (기준 : 타깃 대비 -30%이상)
       ① 양구점 : 15,300,450원 (-35% vs 타깃)
       ② 한대점 : 8,390,040원 (-38% vs 타깃)
       ③ 수정점 : 5,998,400원 (-22% vs 타깃)

▲ 보고 받은 보고서 내용(서울 지역 Total 데이터 + 오픈 매장 + 저매출 매장)을 활용하여 보고한 이메일

보고서의 활용도 :
내 보고서가 이렇게까지 쓰인다고?

2019년 1월 미국의 14세 소년이 친구들과 애플 아이폰의 그룹 페이스타임을 하던 중 오류를 발견해 전 세계 최초로 애플에 직접 신고하는 일이 있었다. 글로벌 기업 시가총액 기준 1, 2위를 다투는 기업에서 일어난 일인 만큼 전 세계에 큰 이슈였다.

잠시 우리가 당시 애플 본사의 직원이라고 상상해보자. 애플은 이 신고를 받고 즉시 담당 부서(가상 부서명 : iOS 개발 & 보수팀)에 이 일을 알렸을 것이고, iOS의 그룹 페이스타임을 운영하는 팀에 비상이 떨어졌을 것이다. 해당 팀장은 즉시 팀원에게 상황 파악을 위한 보고를 요청했을 것이다.

 A팀원님, 이야기 들었지요? 지금 즉시 신고 건에 대해 상황 파악 후 보고해주세요.

이에 A팀원은 지금 상황의 문제를 파악하고, 유관 부서와 함께 상황에 관련된 여러 내용을 파악해 보고서를 작성하여 팀장에게 보고했을 것이다. 보고서에는 문제점 파악과 개선 방법, 업데이트 소요 시간 등 여러 항목의 내용이 포함되었을 것이다.

이를 보고 받은 팀장은 해당 보고서를 검토한 후 협업 부서와의 협의 내용 등을 추가해 부서장 또는 본부장에게 해당 내용을 보고했을 것이다. 또 이 보고는 부서장 또는 본부장 회의, 나아가 대표가 포함된 임원 회의에서 iOS 개발 & 보수팀을 담당하는 임원의 보고 자료와 협의 내용으로 활용되었을 것이다. 물론 애플 본사의 업무 시스템을 100% 알 수 없지만, 위 프로세스에 크게 벗어나지 않을 것이다.

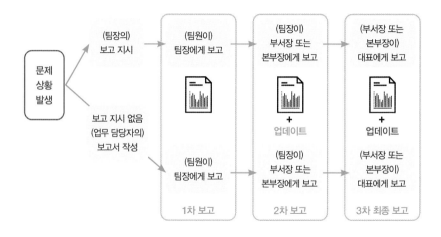

이처럼 기업에 어떤 문제가 발생했을 때 최종 결정을 위한 회의에 팀원이 했던 보고가 활용되는 경우가 많다. 작은 기업이든 세계 최고의 기업이든 발생한 문제를 해결하기 위한 의사결정으로 인해 회사의 이미지, 평판, 매출뿐만 아니라 기업의 존폐까지도 영향을 줄 수 있다. 이렇게 우리의 보고는 작게 보면 피보고자가 상황을 파악하기 위한 서포트 역할을 하지만, 더 나아가서는 기업의 중요한 의사결정을 뒷받침하는 근거가 되기도 한다.

보고서의 중요성 :
보고가 직장 생활의 만족도와 개인의 삶에 큰 영향을 끼친다고?

보고 잘하는 직원이 좋은 평가를 받는다

앞서 이야기했듯 기업은 이익 극대화라는 목표를 위해 나아가야 하고, 이 과정에서 기업 안팎에서는 온갖 문제가 끊임없이 벌어진다. 작게는 회의실의 빔 프로젝터가 작동하지 않는 문제부터 조직 내부 직원들 간의 갈등, 크게는 회사의 미래가 걸린 큰 이슈까지 문제는 끊임없이 발생한다.

이때 기업은 각 부서의 각 직급에 맞는 결정권자들이 보고를 통해 문제 상황과 문제점을 정확히 판단하고, 그에 맞는 최선의 의사결정을 해야 한다. 각 조직의 리더는 한정된 시간 안에 다양한 문제점을 파악하고 해결해야 하기 때문에 조직과 사업의 규모가 커지면 커질수록 보고는 더욱 중요해진다. 리더는 조직(부서)의 문제를 여러 팀의 보고를 통해 파악하고 올바른 의사결정을 해야 하기 때문이다.

만약 어떤 문제 상황에서 처음 보고하는 직원의 보고가 잘못된 것이라면 어떻게 될까? 당연히 리더는 올바른 판단을 할 수 없게 될 것이다. 잘못된 판단은 회사 내부적으로는 문제를 더 키우고 외부적으로는 문제의 경중에 따라 회사에 큰 치명타를 줄 수 있다.

이렇기 때문에 조직의 가장 작은 단위의 리더인 팀장부터 가장 큰 단위의 리더인 대표까지 보고를 잘하는 직원을 선호하고, 그 직원을 높이 평가할 수밖에 없다. 물론 보고 능력은 조금 떨어지더라도 자기 일을 성실히 잘하는 직원도 있겠지만, 중요하거나 위급한 상황에 리더들은 보고 잘하는 직원을 찾기 마련이다.

개인의 관점에서도 보고 능력에 따른 업무 평가가 큰 영향을 미친다. 회사에서 업무 능력에 대한 평가는 인사고과에 따른 승진과 그에 맞는 금전적 보상이 주어진다. 앞서 말했듯이 보고를 잘하는 사람은 당연히 좋은 평가를 받고 승진과 연봉 인상의 보상이 주어진다. 물론 보고 능력이 조금은 부족하지만 업무 처리 능력이 우수하여 좋은 평가를 받는 경우도 있다. 하지만 회사 생활을 오래 할수록 점점 더 중요한 보고를 해야 하는 상황과 임무가 주어지기에, 업무 처리 능력이 다소 약하지만 보고 능력이 우수한 직원의 평가가 더 좋게 나오는 경우가 많다.

회사에서 팀장을 맡고 있는 필자도 아주 급한 업무나 중요한 업무가 있을 때 보고를 잘하는 팀원에게 그 일을 맡긴다. 그래야 정확한 보고를 통해 문제를 명확히 파악하고 그에 필요한 조치가 가능하기 때문이다. 상황과 문제에 대한 정확한 보고가 없다면, 그 상황과 문제를 정확히 모르는 것과 같다.

보고서 스트레스 받는다 (단위 : %)

예	88.4
아니요	11.6

▲ 전국 만 19세 이상 직장인 남녀 578명 대상 설문조사 결과[1]

앞의 설문조사 결과를 보면 알 수 있듯이 보고는 너무나 어렵고 스트레스 받는 일이다. 열심히 작성한 보고서의 내용이 틀렸거나 상사의 지시와는 다른 포인트로 보고되었을 때를 생각해보자. 틀린 내용에 대한 스트레스와 상사의 꾸짖음, 여기에 보고서를 다시 만들어야 하는 번거로움까지! 이런 상황은 오늘도 일어나고 내일도 일어날 것이다.

보고 능력이 있어야 삶의 만족도가 높아진다

보고라는 것은 조직의 가장 기본적인 언어이다. 보고 없이는 어떠한 조직도 움직이지 않는다. 게다가 보고 능력 없이는 '일을 잘한다'는 평가를 받을 수 없다. 하루 24시간 중 잠자는 시간을 제외한 대부분의 시간을 회사에서 보내는 우리에게 일을 잘한다는 평가를 받지 못한다면 삶의 만족도도 높지 않을 것이다.

2장에서는 회사 생활과 개인의 삶까지도 좌지우지하는 '보고'에 대한 일잘러 팀장 20명의 이야기를 들어보자. 그들의 이야기를 통해 지금까지 언급한 내용의 이유와 근거를 자세히 알 수 있을 것이다. 뿐만 아니라 그동안 전혀 생각지도 못한 '보고'에 대한 팀장(상사)들의 다양한 생각과 인사이트를 적나라하게 확인할 수 있을 것이다.

Reporting Revolution

일잘러 팀장들이 말하는
보고 능력이란?

국내의 최고 기업 팀장 20명 대상 설문조사와 인터뷰

잘 쓰면 내 탓, 잘 못 쓰면 네 탓

1장에서 보고의 다양한 특징을 알아보았다. 우리가 지금까지 알고 있던 보고와는 다른 중요한 포인트를 확인했을 것이다. 이렇게 중요한 보고를 회사에서는 가르쳐주지 않는다. 그렇다면 우리는 도대체 어디서, 어떻게 배워야 할까?

먼저 스마트폰으로 유튜브에 접속해 '보고 잘하는 법', '보고서 작성법', '보고서 잘 쓰는 법' 등을 검색해본다. 보고서 관련 책을 발간한 저자 또는 커리어 관련 콘텐츠 유튜버의 영상이 뜬다. 조회 수도 많고 전문가 느낌이 들어 열심히 시청해보지만 정작 궁금한 내용, 실무에 적용할 수 있는 내용은 많지 않다.

대부분 너무 뻔한 이야기이거나, 구체적이고 명확한 방법 제시보다는 두루뭉술한 이야기이다. 다시 예스24, 교보문고 등 온라인 서점 사이트에 들어가 보고서 작성 책을 검색한다. '보고서 작성' 검색어만으로도 수많은 책이 나온다. 현직 직장인, 컨설턴트, 글쓰기 강사, 교육업체 대표 등 다양한 저자가 집필한 책들이다.

필자는 보고에 관련된 모든 책을 읽어보지는 않았다. 그러나 보고에 관한 수십 권의 책을 읽어본 결과, 재미있는 사실을 발견했다. 바로 국내에서 출간된 '보고 관련 책'들의 공통점이 하나 있다는 점이다. 구체적인 사례와 근거를 바탕으로 주장하기보다 개인의 경험을 토대로 책이 구성되었다. 그리고 대부분 1인칭 시점에서만 작성되었다.

수많은 보고서 관련 책들이 독자에게 도움이 되는지 여부는 독자의 판단이다. 필자 또한 수십 권의 책을 읽어보니, 읽지 않은 것보다는 분명 도움이 되었다. 그러나 뚜렷한 근거 없이 보고의 최적화된 작성법인 듯 내용을 전달하고 있는 부분에서 필자는 문득 이런 생각이 들었다.

- ✔ 보고를 하는 보고자의 입장뿐만 아니라 보고를 받는 피보고자의 입장 모두를 고려한 내용으로 책이 구성되어야 하는 게 아닌가?
- ✔ 거의 모든 책에서 말하는 '보고 잘하는 법'의 가장 중요한 포인트는 피보고자의 의도 파악이다. 그러면 그들의 특징이나 관점, 평가하는 기준, 그들이 말하는 보고서 잘 쓰는 팁 등의 내용을 반드시 포함해야 하는 게 아닌가?

일잘러 팀장 20명에게서 얻은 보고의 공통분모

필자는 이런 의문을 통해 지금까지 발간된 모든 '보고 잘하는 법' 관련 책과는 다르게 국내외 최고 기업의 팀장 20명과 1대1 설문, 인터뷰를 진행했다. 설문을 통해 보고서를 잘 쓰기 위한 요소들에 대한 중요한 통계 결과를 확인할 수 있었고 인터뷰를 통해 다양한 보고 팁과 보고의 역할, 정의를 파악하였다. 더나아가 필자 개인의 경험만을 토대로 할 때 생길 수 있는 편협하고 지엽적인 내용이 아니라, 다양한 인사이트의 공통분모를 찾을 수 있었다. 뿐만 아니라 설문과 인터뷰는 필자가 전달하는 내용을 확신하고 강화하는 데 중요한 근거가 되는 셈이다.

사실 '보고'라는 주제는 참 아이러니하다. 배우지 않아도 할 수 있지만, 분명하게 배워야 더 잘할 수 있기 때문이다. 보고의 정의는 상상 이상으로 다양하다. 조직 환경에 따라, 시장 상황에 따라, 리더 성향에 따라, 개개인의 경험에 따라 다양한 모습을 하고 있다. 그 모습은 무엇 하나 틀리지 않다.

다양한 모습을 하고 있기에 보고 자체가 어려운 것이다

보고가 이렇게 다양한 모습을 하고 있기에 보고를 지시하고, 보고를 받는 여러 분야의 피보고자 의견을 듣고 싶었다. 그 의견들은 이 책의 주제를 강화하는 토대이며 강력한 근거이다. 기업에서 발생하는 보고 주제는 점점 더 다양하고 복잡해지고 있다. 그러나 분명히 말할 수 있는 것은 보고의 본질과 핵심은 어떠한 경우도 변하지 않는다는 사실이다.

2장은 필자가 전달하고자 하는 핵심 내용의 근간이며 토대이다. 아직 그 어떤 책과 논문에도 '보고서 잘 쓰는 법'에 대한 국내외 최고 기업 팀장들의 설문과 인터뷰는 없었다.

다양한 주제와 다양한 상사, 그러나 결국 본질은 하나

필자는 이 책의 2장을 기획할 때 '팀장들의 보고에 대한 다양한 인사이트'와 '팀장들이 말하는 보고 잘하는 팁'을 독자에게 전달하겠다는 명확한 의도가 있었다. 그러나 설문 문항을 만들 때 '팀장들이 너무 다양한 분야의 경력을 가지고 있어서 답변의 공통분모가 없지 않을까?' 하는 우려도 있었다. 설문 결과에 대한 답들이 일반화될 수 없다면, 필자의 주장에 근거가 될 수 없기 때문이다.

그러나 한 명, 한 명 설문과 인터뷰를 진행한 결과 필자의 우려는 기우였다는 걸 깨달았다. 보고는 다양한 모습을 하고 있지만 그 본질은 너무나 명확했다. 이어지는 15문항의 설문과 답변을 결코 쉽게 넘어가지 않길 바란다. 왜냐하면 설문 결과는 우리가 뒤에서 배울 '보고 잘하는 법'에 대한 근거와 배경이기 때문이다.

설문은 총 15문항을 4개의 파트로 나누어 분류하였다.

Q1 보고 능력이 개인의 업무 능력 비중에 어느 정도를 차지한다고 생각하십니까?

Q2 일 잘하는 직원에 대한 평가 시 보고 능력 비중이 어느 정도를 차지한다고 생각하십니까?

Q3 보고 능력이 개인의 인사고과에 미치는 비중은 어느 정도를 차지한다고 생각하십니까?

Q4 보고 능력(서면 보고)이 떨어질 경우 이로 인한 야근, 상사와의 관계 또는 정신적 스트레스 등으로 일과 삶의 균형(워라밸)에 부정적 영향을 미칠 수 있다고 생각하십니까? 그렇다면 일과 삶의 균형에 부정적 영향 미치는 요소 중 보고 능력이 미치는 비중이 어느 정도(%)를 차지한다고 생각하십니까?

Q5 '업무 능력은 우수하지만 보고 능력이 떨어지는 팀원', '보고 능력은 우수하지만 업무 능력이 떨어지는 팀원' 중 어느 팀원을 더 선호하십니까? 그 이유는 무엇입니까?

설문 파트 1
Q1~5 : '보고 능력'이 업무 능력과 고과 평가, 개인의 삶에 미치는 영향

Q6 보고자가 보고를 어렵게 느끼는 가장 큰 이유는 무엇이라고 생각하십니까? (최대 2가지)

Q7 '서면 보고'를 잘하는 팀원'과 '그렇지 못한 팀원'의 가장 큰 차이는 무엇이라고 생각하십니까? 중요한 순서대로 번호를 적어주세요.

Q8 서면 보고 능력에 있어서 가장 중요하게 생각하는 것을 중요한 순서대로 번호로 적어주세요.

설문 파트 2
Q6~8 : 보고를 어렵게 느끼는 이유와 보고 구성 항목의 중요도

Q9 보고의 여러 종류(상황/제안 보고서, 검토/의견 보고서 등), 조직 각각의 특징과 문화, 다양한 피보고자(상사)의 성향 등으로 인해 보고서의 구조화(공식)가 어렵다고 생각하십니까? 아니면 어느 정도 구조화(공식)가 가능하다고 생각하십니까?

Q10 보고서에 불필요한 항목이 추가된 경우 해당 항목에 대한 삭제를 요구하시는 편입니까?

Q11 보고의 퀄리티가 동일할 때 보고 요청 마감 시간보다 더 빨리 보고한 경우 더 좋은 평가('일 빨리 잘하네')를 할 때가 있습니까? 그렇다면 그 이유는 무엇이라고 생각하십니까?

Q12 보고서 작성 시 '최대한 간결하게' 하는 것과 '다양한 항목을 추가해서 최대한 자세하게(구성 항목을 다양하게 갖춤)' 하는 것 중 어느 보고서를 더 선호하십니까?

설문 파트 3
Q9~12 : 보고의 특징과 보고 상황 시 개인의 평가 성향

Q13 보고란 회사 생활에서 무엇이라고 생각하십니까? (정의, 역할, 특징 등 자유롭게 서술)

Q14 지시 사항과 다른 보고서가 보고되는 경우, 가장 큰 원인이 무엇이라고 생각하십니까? 또 그 원인을 줄이기 위한 방법은 무엇이라고 생각하십니까? (자유롭게 서술)

Q15 보고를 잘하려면 어떤 노력이나 능력이 필요하며, '보고를 잘하기' 위한 교육'이 있다면 반드시 포함되어야 하는 내용은 무엇인지 서술하여 주십시오. 지금도 보고를 위해 일하고 있는 많은 후배 직장인에게 보고를 잘하는 방법에 대해 해주고 싶은 말이 있으면 자유롭게 해주십시오.

설문 파트 4
Q13~15 : 20명의 현직 '일잘러' 팀장들이 알려주는 보고 잘하는 팁

2장의 콘텐츠는 3장부터 시작되는 보고서 작성법에 대한 근거와 배경이 되는 내용인 동시에 그 어디에서도 찾아볼 수 없는 보고에 대한 인사이트이다. 지금부터 보고를 지시하고, 그 보고를 검토하고, 또 윗분들에게 보고를 잘 해내야 하는, 기업의 중심 역할을 하는 팀장들의 보고에 대한 생각을 알아보자.

일잘러 팀장 20명 대상 설문조사 개요

총 참여자		20개 기업 팀장(차장~부장급), 30대 중반~40대 초중반
총 설문 문항 수		15개(객관식 12개, 주관식 3개)
총 참여 기업 수 (20개)	글로벌 기업(7개)	애플, 구글, 나이키, 아마존, 테슬라, 오라클, 레고
	국내 대기업(10개)	삼성전자, 네이버, 현대카드, SK하이닉스, 카카오, LG텔레콤, 신세계 인터내셔널, 아모레퍼시픽, CJ그룹, IBK증권
	유니콘 기업(3개)	쿠팡, 무신사, 야놀자

* 유니콘 기업 : 기업가치 10억 달러(1조 원) 이상 비상장 스타트업 기업
* 쿠팡은 2021년 3월 미국증시 상장으로 유니콘 기업에서 제외됐지만, 국내 1호라는 상징성이 있어 유니콘 기업으로 분류

설문조사에 응답한 팀장들은 대부분 10~15년간 국내외 최고 기업에서 일하며 일잘러로 인정받은 사람이다. 다양한 산업군에서 일하는 그들에게서 보고에 대한 생각과 노하우를 알아보겠다. 물론 이들이 소속 기업과 부서, 또는 그 기업이 속한 업종을 대표할 수는 없다. 그러나 국내외 최고 기업의 '일잘러' 젊은 팀장(팀장 경력 평균 3~7년)들의 이야기는 우리에게 시사하는 바가 크다.

Q1~5 :
보고 능력이 개인의 업무와 평가에 미치는 영향

다음은 보고가 '개인의 업무 능력에 차지하는 비중(Q1)', '일 잘하는 직원의 평가에 차지하는 비중(Q2)', '개인의 인사고과에 미치는 비중(Q3)'이 어느 정도인지를 물어보는 질문이다. 여기에 보고 능력이 우리의 삶에 얼마나 영향을 미치는지 Q4에서 알아보고, 팀장들은 보고 능력과 업무 능력 중 어느 능력이 우수한 팀원을 더 선호하는지, 그 이유는 무엇인지 Q5에서 알아보겠다.

Q1 보고 능력이 개인의 업무 능력 비중에 어느 정도를 차지한다고 생각하십니까?

① 20% 미만　② 20~30% 미만　③ 30~40% 미만　④ 40~50% 미만　⑤ 50% 이상

Q2 일 잘하는 직원에 대한 평가 시 보고 능력 비중이 어느 정도를 차지한다고 생각하십니까?

① 20% 미만　② 20~30% 미만　③ 30~40% 미만　④ 40~50% 미만　⑤ 50% 이상

Q3 보고 능력이 개인의 인사고과에 미치는 비중은 어느 정도를 차지한다고 생각하십니까?

① 20% 미만　② 20~30% 미만　③ 30~40% 미만　④ 40~50% 미만　⑤ 50% 이상

개인 업무 능력 비중 | 일 잘하는 직원의 평가 비중 | 개인의 인사고과에 미치는 비중

■ 20% 미만　■ 20~30% 미만　■ 30~40% 미만　■ 40~50% 미만　■ 50% 이상

▲ Q1~3의 결과(단위 : 명)

결과 해설 및 주요 포인트

Q1, Q2 : 19명(95%)이 '보고 능력이 개인의 업무 능력'과 '일 잘하는 직원의 평가'에 30% 이상 영향을 미친다고 답함.

또 두 질문에서 모두 9명(45%)이 보고 능력의 영향력을 50% 이상이라고 답함.

→ 조직의 팀장들 중 대략 2명 중 1명은 보고 능력을 얼마나 중요하게 생각하는지를 알 수 있다. 아무리 자기가 맡은 일을 열심히 잘하고 성과를 크게 낸다고 해도 보고 능력이 좋지 않으면 절대 좋은 평가를 받을 수 없다는 뜻이다.

💬 프로그래밍이나 시스템, 디자인, 물류, CS, AS 부서 등은 타 부서에 비해 상대적으로 보고 능력을 크게 보지 않을 수 있다. 그러나 일반적인 사무 업무를 하는 부서는 그렇지 않다. 컴퓨터를 아예 사용하지 못하거나, 엑셀을 전혀 다루지 못하면 업무를 할 수 없듯, 보고 능력은 조직의 가장 기본적인 의사소통 수단이다. 그렇기에 당연히 중요할 수밖에 없다.

– 네이버 L팀장

결과 해설 및 주요 포인트

Q3 : 30% 미만으로 영향을 미친다는 답변은 3명(15%)에 불과함.

40% 이상 영향을 미친다는 답변은 11명(55%)으로, 보고 능력이 개인의 인사 고과에까지 큰 영향을 미친다는 것을 알 수 있음.

단, Q1, Q2의 결과와 차이가 나는 점은 50% 이상의 답변이 Q1, Q2에 비해 4명(20%) 줄었다는 점임. 이에 대한 이유는 Q1, Q2에서 50% 이상이라고 답했지만, Q3에서 20~30% 미만이라고 답변한 삼성전자 K팀장의 이야기에서 확인할 수 있음.

💬 개인의 인사고과에는 정량적인 수치뿐만 아니라 정성적인 수치가 포함될 수밖에 없다. 보고 능력이 조금 떨어지고 실수도 잦지만, 자기 일에 책임감을 갖고 열심히 하는 팀원, 팀 업무에 적극적인 팀원은 절대 보고 능력에만 큰 비중을 두고 평가할 수 없다.

보고 능력이 개인의 업무 능력과 일을 잘하는 직원으로 평가하는 데 큰 비중을 차지하는 것은 사실이다. 그러나 인사고과는 평가 항목이 다양하다. 협업 능력, 팀워크, 일에 대한 태도나 열의, 회사 생활 태도 등 수치화하기 어려운 부분도 평가 요소가 되기에 보고 능력이 100% 반영되지는 않는다. 보고서를 잘 작성하고 누구보다 보고를 잘하지만, 매일 지각하고 팀워크를 해치는 언행을 하는 팀원에게 좋은 평가를 줄 수 없는 이유이다.

– 삼성전자 K팀장

3개의 설문 결과에서도 알 수 있듯 보고 능력 향상은 선택이 아닌 필수다. 회사에서 교육을 해주지 않으면 반드시 스스로 능력 향상을 위해 노력해야 한다.

Q4 보고 능력(서면 보고)이 떨어질 경우 이로 인한 야근, 상사와의 관계 또는 정신적 스트레스 등으로 일과 삶의 균형(워라밸)에 부정적 영향을 미칠 수 있다고 생각하십니까? 그렇다면 일과 삶의 균형에 부정적 영향 미치는 요소 중 보고 능력이 미치는 비중이 어느 정도(%)를 차지한다고 생각하십니까?

① 미친다. 그렇다면 대략 ___ % 정도 미친대(10% 단위).   ② 미치지 않는다.

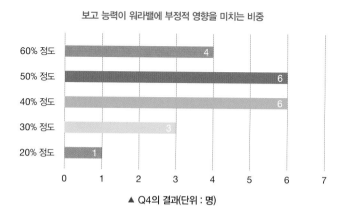

보고 능력이 워라밸에 부정적 영향을 미치는 비중

▲ Q4의 결과(단위 : 명)

결과 해설 및 주요 포인트

Q4 : ②의 답변은 나오지 않음.

응답자 중 10명(50%)이 '보고 능력이 일과 삶의 균형에 50% 이상 부정적 영향을 미친다'라고 답했고, 16명(80%)이 40% 이상 부정적 영향을 미친다고 답함.

→ 보고로 인해 겪는 어려움과 스트레스는 누구에게나 당연한 것이다. '왜 나만 힘들지?'란 생각은 버려도 된다. 설문 결과에서 보듯 보고 능력이 워라밸에 큰 영향을 미치는 것으로 나왔는데, 이를 반대로 생각하면 보고 능력만 향상시키면 워라밸에 부정적 영향을 주는 큰 요소를 없애는 것과 같다.

Q5 '업무 능력은 우수하지만 보고 능력이 떨어지는 팀원', '보고 능력은 우수하지만 업무 능력이 떨어지는 팀원' 중 어느 팀원을 더 선호하십니까? 그 이유는 무엇입니까?

① 업무 능력 우수   ② 보고 능력 우수   ③ 크게 상관없다.

여러분이 팀장이라면 둘 중 누구를 뽑겠는가? 그 이유는? 여러분의 생각과 비교해보면 흥미로울 것이다.

'업무 능력 우수' 16명(80%)

'보고 능력 우수' 4명(20%)

▲ Q5의 결과

Q1~4에서는 보고 능력이 얼마나 중요한지, 회사 생활에서 어떤 영향력을 미치는지 알아보았다. 그러나 20명의 팀장 중 16명은 보고 능력보다 업무 능력이 더 우수한 팀원을 선호한다고 답했다. 그것도 80%나! 선뜻 이해가 가지 않으므로 그 이유를 구체적으로 알아보자.

업무 능력 우수(16명, 중복 답변 포함)	보고 능력 우수(4명)
업무 능력에 비해 보고 능력은 향상할 수 있는 스킬이다(11명).	보고 능력이 우수하다면 보고를 빨리 처리하고, 타 업무에 집중할 수 있다.

업무 능력 우수(16명, 중복 답변 포함)	보고 능력 우수(4명)
우수한 업무 처리로 성과 창출이 우선이다(3명).	보고 능력이 우수해야 업무 능력도 우수하다.
업무 능력이 우수하면 보고서의 퀄리티도 좋다(2명).	보고는 지시에 의한 피드백, 팀원의 보고 능력이 우수해야 나도 좋은 보고를 할 수 있다.
팀원 레벨에서는 보고보다 업무 스킬이 더 중요하다(2명).	보고 능력이 우수하다는 건 진행되는 프로젝트나 이슈에 대해 큰 그림을 그릴 줄 안다는 뜻이다.

▲ Q5의 상세 결과

결과 해설 및 주요 포인트

Q5 : '업무 능력 우수'를 선택한 16명의 팀장 중 11명(69%)이 '보고 능력은 스킬이기 때문에 실력 향상이 가능하다'고 답함.

보고 능력도 엑셀, 파워포인트처럼 공부하고 노력하면 충분히 능력을 향상시킬 수 있다는 것임. 팀의 성과가 중요하고 성과 창출을 위해서는 보고 능력보다 업무 능력이 더 중요하다고 답한 팀장도 3명(19%)이나 있었고, 팀원 레벨의 보고는 중요성이 상대적으로 팀장급보다 낮고 충분히 본인(팀장급)이 컨트롤할 수 있기에 업무 능력이 더 중요하다고 생각하는 팀장(2명, 13%)의 의견도 있었음.

➔ **보고 = 스킬 = 실력 향상 가능**

반대로 보고 능력이 우수한 팀원을 선호한다고 한 4명의 팀장은 공통적인 의견보다는 개인의 성향에 따라 다른 의견을 나타냈다. 상세 결과에 적힌 팀장들의 의견을 참고하면 된다.

💬 보고 능력은 스킬이기 때문에 노력해서 학습한다면 단기간 안에 충분히 실력을 향상시킬 수 있다. 여기에 경험치까지 쌓인다면 기존과는 차이나게 나아질 수 있다. 그러나 업무 능력을 향상시키려면 시간이 오래 걸릴 뿐만 아니라 개인 또는 회사의 비전, 동기부여, 개인의 가치관, 기술적 능력 등 너무나 많은 요소가 복합적으로 결합되어 있어 쉽지 않다. 그렇기에 나에게 선택권이 있다면 업무 능력이 우수한 팀원을 선택하고, 보고 능력을 향상하도록 도움을 줄 것이다.

– 현대카드 L팀장

업무 처리 능력과 보고 능력 둘 다 좋으면 더할 나위 없다. 그러나 이 설문의 결과에서 우리가 중요하게 봐야 할 점은 보고 스킬이 단시간에 충분히 향상될 수 있다는 점이다. 팀장들은 '보고 = 스킬 = 실력 향상 가능'이라고 생각하는 것을 기억해야 한다.

Q6~8 :
보고가 어려운 이유와 평가 요소

Q6은 '보고는 어렵다'고 인식하는 이유에 대한 질문이다. 나아가 Q7, Q8에서는 보고를 잘하는 팀원, 그렇지 못한 팀원의 차이를 알아보고 서면 보고에서 가장 중요한 구성 요소 항목을 우선순위로 알아보겠다.

Q6 보고자가 보고를 어렵게 느끼는 가장 큰 이유는 무엇이라고 생각하십니까? (최대 2가지)

① 경험 부족   ② 상사의 정확한 보고 목적 파악   ③ 보고 구성   ④ 정보 부족
⑤ 짧은 보고 마감 시간

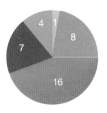

■ 경험 부족   ■ 상사의 정확한 보고 목적 파악   ■ 보고 구성   ■ 정보 부족   ■ 짧은 보고 마감 시간

▲ Q6의 결과(단위 : 명)

결과 해설 및 주요 포인트

Q6 : 20명 중 16명(80%)은 '상사의 정확한 보고 목적 파악'을 선택함.

피보고자, 즉 지시하는 상사의 목적을 정확하게 파악하는 것이 보고를 가장 어렵게 느끼는 이유라고 답함.

➜ Q6의 5개 선택지는 성격이 2가지로 나뉜다. ①, ④, ⑤의 요소들이 충분하다면 '보고'를 어렵게 느끼지 않을 수 있다. 그러나 ②, ③은 절대적 성격이 강하다. 상사의 보고 지시에 대한 목적 파악이 제대로 안 되었거나, 보고를 어떻게 해야 하는지 항목을 구성하지 못하면 보고를 아예 할 수 없다. 우리가 어디에 중점을 두고 보고에 접근해야 하는지, 이어지는 팀장의 이야기에서 분명히 알아낼 수 있다.

💬 나도 처음에는 '② 상사의 정확한 보고 목적 파악'에 손이 갔다. 그러나 곰곰이 생각을 해보고, 나뿐만 아니라 선후배들의 사례를 되돌아보았다. ②는 질문과 중간 보고로 파악이 가능하고, '④ 정보 부족' 또한 충분히 동료들의 도움을 통해 해결이 가능하다. 여기에 '① 경험 부족'은 어느 정도 시간이 흘러야 하는 것이고, '⑤ 짧은 보고 마감 시간'은 나의 보고 스킬을 향상시키거나 상사와의 협의를 통해 어느 정도 극복할 수 있다고 생각했다.

그러나 '③ 보고 구성'은 신입 사원이든 과장이든 차장이든, 전적으로 나 혼자 풀어가야 한다. 옆에서 선배나 동료가 보고서의 구성 요소와 내용까지 세세히 알려줄 수 없다. 게다가 보고를 할 때마다 다양한 상황이나 피보고자에 따라 세부적으로 변경이 필요하기에 보고 구성을 가장 어렵게 느낄 것이다.

– LG텔레콤 C팀장

Q7 '서면 보고를 잘하는 팀원'과 '그렇지 못한 팀원'의 가장 큰 차이는 무엇이라고 생각하십니까?
중요한 순서대로 번호를 적어주세요.

(   ) 핵심 내용 : 새로운 아이디어나 차별화된 방안을 기획하는 능력

(   ) 보고 목적 : 상사의 정확한 보고 목적(의도) 파악 능력

(   ) 보고 구성 : 보고의 구조화(형식화) 및 내용

(   ) 보고 문체 및 디자인 : 보고에 맞는 문체 / 보고의 시각화(그래프, 도표 사용 능력)

(   ) 보고 시간 : 보고 요청 시간 내 보고 완료 능력 또는 중간 보고 여부

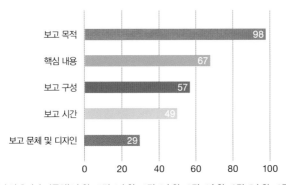

* 답변 순서에 따라 가중치(1순위 : 5점, 2순위 : 4점, 3순위 : 3점, 4순위 : 2점, 5순위 : 1점)를 적용해 도출한 점수

▲ Q7의 결과(단위 : 점)

Q8 서면 보고 능력에 있어서 가장 중요하게 생각하는 것을 중요한 순서대로 번호를 적어주세요.

(   ) 핵심 내용 : 새로운 아이디어나 차별화된 방안을 기획하는 능력

(   ) 보고 목적 : 상사의 정확한 보고 목적(의도) 파악 능력

(   ) 보고 구성 : 보고의 구조화(형식화) 및 내용

(   ) 보고 문체 및 디자인 : 보고에 맞는 문체 / 보고의 시각화(그래프, 도표 사용 능력)

(   ) 보고 시간 : 보고 요청 시간 내 보고 완료 능력 또는 중간 보고 여부

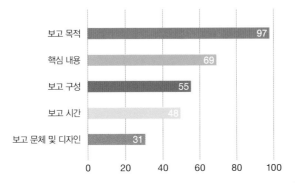

* 답변 순서에 따라 가중치(1순위 : 5점, 2순위 : 4점, 3순위 : 3점, 4순위 : 2점, 5순위 : 1점)를 적용해 도출한 점수

▲ Q8의 결과(단위 : 점)

결과 해설 및 주요 포인트

Q7, Q8 : 두 질문은 앞의 결과에서 알 수 있듯이 거의 동일한 결과가 나왔음. 피보고자가 보고를 잘하는 팀원과 그렇지 못한 팀원으로 평가하는 보고서 구성의 항목과 서면 보고 능력에서 중요하게 생각하는 보고서 구성 요소가 거의 같다는 것임.

→ **보고의 궁극적 목적 = 핵심 내용**

이미 Q6에서 알아보았지만 보고를 어렵게 느끼는 가장 큰 이유는 '상사의 정확한 보고 목적 파악'이었다. 하지만 피보고자(상사) 입장에서는 그렇지 않다. 피보고자의 보고 목적 파악은 당연한 것이고, 보고 목적이 파악되었다면 궁극적인 핵심 내용 즉, '문제 처리 능력'을 보여줄 수 있어야 한다. 다시 말해, 문제 상황에 대한 적절한 대응 방안이나 새로운 아이디어, 차별화된 제안, 문제 해결 능력 등을 기획하는 것이 가장 중요하다고 이야기한다. 그렇기 때문에 '보고를 잘하고 못하고'의 평가를 나누는 가장 큰 요소가 '핵심 내용'으로 나타났다. 보고에는 다양한 목적이 있지만, 다양한 목적을 풀어내는 핵심 내용이 가장 중요한 것은 변할 수 없는 사실이다.

💬 보고의 종류에 따라 다르겠지만 대부분 보고는 조직 내외부의 문제나 이슈에 의해 발생한다. 여기서 제일 중요한 포인트는 문제나 이슈를 얼마나 정확히 파악하고, 합리적이고 논리적인 근거를 통해 해결 방안을 제시하는 것이라고 생각한다.

– 아마존 G팀장

보고 구성은 피보고자가 핵심 내용을 잘 이해할 수 있도록 어느 정도 합의된 틀이기 때문에 명확한 보고 구성 항목을 갖추지 않으면 보고서 작성이 되지 않는다. 결론적으로 보고 목적 파악은 보고의 시작, 핵심 내용을 구조화하는 것은 보고의 중간, 보고 시간, 문체, 디자인은 보고의 마무리 단계라고 보면 된다.

단, 앞서 살펴본 결과는 설문에 대한 단순 평가 항목을 우선순위로 조사한 것이라, 항목의 순위가 낮다고 해서 중요하지 않다는 것이 아니다. 예를 들어, 아무리 핵심 내용을 잘 담은 보고서라도 긴급하게 보고해야 하는 상황에서 보고 시간을 훌쩍 넘겨서 보고한다면 긴급 보고라는 의미가 사라지고, 절대 좋은 평가를 받을 수 없는 것과 같다. 위 항목들이 모두 제 역할을 잘해야 좋은 평가를 받는 건 의심의 여지가 없다.

Q9~12 :
보고의 다양한 특징과 평가 요소

Q9는 보고서의 구조화(공식)가 가능하다고 생각하는지에 대한 질문이고, Q10~12는 우리가 보고서를 작성할 때 반드시 알아야 하는 평가(피드백) 포인트에 대한 결과이다.

Q9 보고의 여러 종류(상황/제안 보고서, 검토/의견 보고서 등), 조직 각각의 특징과 문화, 다양한 피보고자(상사)의 성향 등으로 인해 보고서의 구조화(공식)가 어렵다고 생각하십니까? 아니면 어느 정도 구조화(공식)가 가능하다고 생각하십니까?

① 가능하다.   ② 어느 정도 가능하다.   ③ 불가능하다.

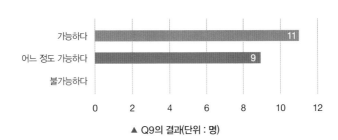

▲ Q9의 결과(단위 : 명)

결과 해설 및 주요 포인트

Q9 : 11명(55%)은 '가능하다', 9명(45%)은 '어느 정도 가능하다'라고 답함.

→ 결과는 '가능하다'이다. 물론 다양한 변수를 100% 고려한 보고서 틀은 없다. 그러나 어느 정도의 틀은 분명 구조화할 수 있다. 구조화된 틀을 통해 큰 그림을 그리고 세부적인 항목은 상황에 맞게 변형해서 쓰면 된다.

Q9는 이 책의 주제가 되는 것으로, 보고의 종류, 조직의 문화, 피보고자의 성향, 보고 시 상황과 목적 등 다양한 변수로 인해 보고서의 구조화(공식)가 정말 불가능한가에 대한 질문이었다. 답은 '가능하다'로 명확했다. 보고서의 구조화(공식)에 관한 자세한 내용은 3장에서 알아보자.

Q10 보고서에 불필요한 항목이 추가된 경우 해당 항목에 대한 삭제를 요구하시는 편입니까?

① 요구한다.   ② 요구하지 않는다. 크게 상관하지 않는다.

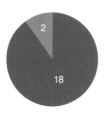

■ 요구한다.   ■ 요구하지 않는다. 크게 상관하지 않는다.

▲ Q10의 결과(단위 : 명)

결과 해설 및 주요 포인트

Q10 : 18명(90%)이 삭제를 요구한다고 답함.

크게 신경 쓰지 않는다는 2명(10%)의 의견도 있지만, 그 의견에는 공통적으로

'보고의 핵심 내용이 명확하다'는 전제가 붙음. 불필요한 항목에 대해 삭제를 요구한다와 요구하지 않는다는 의견에 대한 상세 이유는 다음과 같음.

삭제를 요구하는 이유	답변자 수
Key Message(핵심 내용)를 전달하는 데 방해가 될 수 있다.	7명
시간, 인적 에너지 면에서 비효율이 발생할 수 있다.	6명
다음 보고 라인에 활용하려면 형식을 통일할 필요가 있다.	6명

▲ ①을 선택한 팀장들의 상세 이유(중복 답변 포함)

삭제를 요구하지 않는 이유(2명)
피보고자를 위한 Executive Summary(핵심 요약)가 명확하다면 크게 신경 쓰지 않는다.
추가된 배경을 확인하고 Key Message(핵심 내용)에 영향을 주지 않는다면 신경 쓰지 않는다.

▲ ②를 선택한 팀장들의 상세 이유

→ 보고자는 보고서를 완성하고 제출하기 전에 불필요한 항목이 있는지, Key Message(핵심 내용)를 전달하는 데 방해가 되는 내용은 없는지 반드시 확인하는 습관이 필요하다. 불필요한 항목을 피드백하는 것이 회사의 효율을 떨어뜨리고 자원을 낭비하는 일이기 때문이다.

💬 팀원이 보고서를 가지고 왔을 때 불필요한 부분이 있으면 반드시 삭제나 수정을 요구한다. 아무리 중요한 내용이라도 결론(Key Message)과 관련 없으면 방해될 수 있기 때문이다. 뿐만 아니라 다음 보고를 할 때도 불필요한 항목이나 내용을 포함하는 같은 실수를 하는 경우가 많다. 보고 상황에 따라 최종 보고자(대표)까지도 올라갈 수 있기에 불필요한 부분이 없어야 한다.

– 아모레퍼시픽 L팀장

보고서를 모두 작성했다면 제출하기 전에 처음부터 끝까지 읽어보고 불필요한 내용은 철저하게 삭제하는 것이 좋다. 아무리 좋은 자료나 내용이라도 핵심 내용과 관련이 없으면 모두 불필요하다.

Q11 보고의 퀄리티가 동일할 때 보고 요청 마감 시간보다 더 빨리 보고를 한 경우 더 좋은 평가('일 빨리 잘하네!')를 할 때가 있습니까? 그렇다면 그 이유는 무엇이라고 생각하십니까?

① 그렇다. ② 그렇지 않다. 요청한 시간 안에만 해오면 된다.

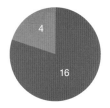

■ 그렇다. ■ 그렇지 않다. 요청한 시간 안에만 해오면 된다.

▲ Q11의 결과(단위 : 명)

요청한 시간 안에만 해오면 된다(4명).
공평하지 않다. 더 빠른 시일 내에 보고를 받고 싶었다면, 마감 시간을 앞당겨서 알려줬어야 한다.
마감 시간보다 빨리 보고하는 것보다 충분한 시간을 가지고 핵심 내용을 추가 검토하거나 고민하는 것이 좋다.
일을 우선순위대로 잘하는 걸 가장 좋게 평가한다. 그러나 불필요하게 빠른 보고는 칭찬할 이유가 없다.
마감 시간을 정해준 것은 수정 부분이 있을 경우도 대비해 전달한 것이기에 더 빨리 해오더라도 더 좋게 평가하지 않는다.

▲ ②를 선택한 팀장들의 상세 이유

가장 의외의 결과가 나온 문항으로, 보고자에게 매우 중요한 메시지를 전달한다. 설문 결과를 설명하기 전 실제 회사에서 흔히 일어나는 상황을 살펴보자.

수요일 오후 최 대리와 강 대리는 김 팀장에게 같은 내용의 보고서를 이번 주 금요일 오전까지 작성해달라고 지시받았다. 최 대리는 긴급한 업무만 처리하고 최대한 빠르게 보고서를 작성해 목요일 오후에 김 팀장에게 전달했고, 강 대리는 금요일 오전 11시 50분에 마무리해 전달했다. 보고서의 내용이 동일하다면 김 팀장은 누구에게 더 좋은 평가를 할까? 둘 다 상사가 동일한 내용을 요청한 마감 시간 안에 보고했으니 차이가 없을까? 내용은 동일하고 둘 다 상사가 요청한 마감 시간 안에 보고를 했으니까. 이성적으로는 당연하다. 그러나 팀장들은 우리와 조금은, 아니 많이 다르게 생각하고 있다. 16명(80%)은 보고서를 더 빨리 전달한 최 대리에게 더 좋은 평가를 했다. 도대체 왜 그럴까? 강 대리가 보고 마감 시간 이후에 보고서를 제출했다면 그렇게 생각할 수 있지만 왜 팀장들은 최 대리를 더 좋게 평가한 걸까?

💬 상사의 기준에서는 보고 마감 시각이 최대한으로 배려한 시간이기 때문이다. 긴급한 사항이나 궁금한 사항에 대해서는 ASAP(As Soon As Possible, 가급적 빨리)으로 보고 받고 싶어 한다.

― 신세계 인터내셔널 K팀장

💬 회사에는 의외의 변수가 너무 많다. 상사가 보고서를 바로 보고 싶어 하는 경우도 있고, 갑자기 보고 진행 상황을 물어보기도 한다. 이때 내가 적절히 대응하기 위해서는 팀원에게 빠르게 보고를 받아야 하고, 그렇게 보고해준 팀원이 고맙다고 느낄 때가 있다.

빨리 입고 싶은 맞춤 정장을 주문해 기다리고 있는데, 정장이 처음 이야기한 날짜보다 먼저 나온다면 기분이 좋지 않은가? 우리도 사람이기에 심리적인 부분도 있는 것 같다.

– IBK증권 P팀장

💬 보고서를 한 번에 잘 작성할 수도 있지만, 그렇지 않을 수도 있기에 수정 시간과 나의 직속 상사에게 전달할 시간을 고려해서 마감 시각을 정해준다. 그러나 일이란 게 계속 쌓이기 마련이고, 더 긴급한 이슈가 발생할 경우가 있어서 최대한 빨리 일을 처리해야 다음 일을 또 처리할 수 있다. 흔히 말하는 '일을 빨리 쳐내야 한다'는 상황이다. 그래서 팀장들이 '가능한 한 빨리', '언제까지 할 수 있어요?'라며 애매하게 표현하는 것이다. 마감 시각을 준다는 건 팀원이 이때까지는 할 수 있겠다고 생각한 최대의 양보 시간이다. 최대한 빨리 일을 처리할 수 있게 해주면 그만큼 좋은 평가를 주는 것은 당연하다.

– SK하이닉스 M팀장

💬 보고를 마감 시각보다 빨리 한다는 것은 그만큼 이해력이 뛰어나고 업무 처리 능력이 우수하다고 생각된다. 또 지금까지 보면 일을 잘하는 친구들이 보고도 다소 빠르게 한다.

– 애플 J팀장

결과 해설 및 주요 포인트

Q11 : 합리적으로 이 질문을 해석한다면 ②가 당연함. 그러나 여러분도 회사 경험을 통해 느껴보았겠지만, 회사라는 조직이 항상 이성적이고 논리적이지는 않음.

→ 이제부터 보고 마감은 마감 시간보다 빨리할 수 있으면 그렇게 하는 것이 좋다고 결론 내리고 싶다. 과거 경험으로 볼 때 빨리 보고하는 선후배나 동료는 항상 일도 빠르게 처리했다. 누구나 바쁜 상황에서 어찌 보면 그게 업무 능력이고, 성향이고, 습관이고, 일을 잘한다는 하나의 중요한 근거이다.

보고는 가능한 한 빨리 하는 게 왜 더 좋은 평가를 받는지에 대한 팀장들의 생각을 알아보았다. "일의 우선순위대로 잘하는 걸 가장 좋게 평가한다"는 아마존 G팀장 말대로, 우선순위를 통해 가능한 지시받은 보고는 최우선으로 처리하는 것이 같은 일을 하고도 좋은 평가를 받는 팁이다.

Q12 보고서 작성 시 '최대한 간결하게' 하는 것과 '다양한 항목을 추가해서 최대한 자세하게(구성 항목을 다양하게 갖춤)' 하는 것 중 어느 보고서를 더 선호하십니까?

① 최대한 간결하게 ② 최대한 자세하게

3

17

■ 최대한 간결하게
■ 최대한 자세하게

▲ Q12의 결과(단위 : 명)

최대한 자세하게(3명)

보고 관련 내용을 명확하고 자세히 알아야 올바른 판단을 내릴 수 있다. 자세하게 보고서를 작성해 올 경우, 필요하지 않은 부분은 삭제하면 된다(2명).

보고 주제에 따라 다르지만 최대한 자세하게 작성한 보고서는 여러 가지 상황을 고려할 수 있어서 좋다(1명).

▲ ②를 선택한 팀장들의 상세 이유

결과 해설 및 주요 포인트

Q12 : 비록 ①이 17명(85%)으로 압도적이었지만, '② 최대한 자세하게' 답변에 대한 이유가 동일한 것은 다른 시각으로 보고서를 원하는 팀장이나 리더도 있다는 의미임.

→ 이는 매우 중요한 포인트다. 나의 상사가 어떤 성향인지 꼭 파악해야 하는 이유이다. 최대한 심플하게 하되, ②를 선호하는 상사라면 보고서를 줄이는 데 크게 시간을 들이지 않아도 될 것이다.

💬 보고 구성 자체는 일목요연하고 핵심 내용을 간결하게 표현하는 데 중점을 둬야 한다. 이외 핵심 내용을 설명하는 추가적인 내용은 보고서 마지막에 첨부(Appendix)로 빼야 한다.

– 무신사 K팀장

Q13~15 :
'일잘러'가
'예비 일잘러'에게 전하는 보고 팁

마지막으로 '일잘러' 팀장이 이야기하는 보고 능력을 향상시키는 팁을 알아 보자. Q13~15는 주관식으로, '보고가 도대체 무엇인지?', '왜 보고가 그렇게 중요한지', '어떻게 하면 보고를 더 잘할 수 있는지'에 대한 명쾌한 답을 찾을 수 있을 것이다.

Q13 보고란 회사 생활에서 무엇이라고 생각하십니까? (정의, 역할, 특징 등 자유롭게 서술)

보고의 역할 및 특징	• 보고는 업무의 시작이자 끝 • 내 업무 능력 및 할 일에 대한 표현 • 중요 업무의 의사결정을 돕는 커뮤니케이션 도구 • 전문성과 문제 해결 능력을 보여주는 수단 • 개인의 성과를 조직의 성과로 이어주는 과정 • 조직의 니즈를 사업으로 연결시키는 과정 • 적시에 효율적인 의사결정을 도출하여 회사의 이윤 창출에 기여

보고의 역할 및 특징	• 일의 완결체, 업무 수행의 모든 내용을 전달하는 도구 • 흩어져 있는 지식, 정보의 다리 역할 • 조직 체계에서 하급자가 상급자에게 일정한 의사 전달을 하는 것 • 의사결정에 영향을 주는 목적을 통해 나와 다른 직급과의 커뮤니케이션 수단 • 회사에 어떤 이익이 되는 일을 하고 있는지를 상사에게 보여주는 역할 • 리더십이 회사 방향과 개발 상태가 어떻게 진행되고 어떤 결과가 나왔는지 알 수 있는 커뮤니케이션 방식 – 스토리텔링 • 업무를 수행하는 데 있어 필수 불가결한 요소 • 보고는 타이밍. 같은 내용이라도 타이밍에 따라 결과가 달라지기 때문 • 선배들에게는 새로운 아이디어 접목 기회
보고가 나에게 가지는 의미	• 직장 생활에서 필수 핵심 능력이고, 자기를 보여줄 수 있는 유일한 수단 • 내가 어떤 사람이고 어떻게 일하는지를 표현할 수 있는 수단 • 가장 쉽게 자신의 능력 또는 무능함을 드러낼 수 있는 양날의 검 • 나를 포장하는 포장지 • 내 역량을 담아 보여줄 수 있고, 일을 내가 계획한 대로 이끌어 갈 수 있는 선봉장
보고를 통한 개인의 성장	• 경험이 부족한 후배들에게는 보고에 대한 피드백을 통한 업무 습득의 지름길 • 자신이 일한 것을 보여주는 과정. 일에 대해 얼마만큼 깊이 있게 준비했는지 확인할 수 있는 과정

▲ Q13의 상세 결과

역시 보고는 다양한 모습을 하고 있었다. 예상을 훨씬 뛰어넘는 다양한 답변이 나왔는데, 하나하나 모두 의미 있고 생각해보아야 할 좋은 내용들이 많다. 특히 여기서 눈여겨봐야 할 특징이 '보고가 나에게 가지는 의미' 부분이다. 보고는 조직에서 나에 대한 이미지와 평가를 극명하게 할 수 있는 양면성을 가지고 있다는 것을 보여준다.

💬 주방장은 요리를, 운동선수는 운동을, 직장인은 일을 잘해야 한다. 그중 보고는 다양한 능력을 요구한다. 보고는 논리력, 설득력, 기획력, 통찰력과 문제

해결 능력부터 태도까지, 보고자의 모든 업무 능력을 평가할 수 있는 기준이라고 해도 지나치지 않는다. 다시 말해 나의 능력을 보여줄 수 있고, 능력을 인정받으면 이익으로 돌아온다. 그러나 반대의 상황도 충분히 있을 수 있다. 가장 쉽게 나의 다양한 능력을 보여줄 수 있으면서도 반대로 무능함도 드러낼 수 있는 양날의 검과 같다.

– 카카오 K팀장

우리 속담 중에 "중매는 잘하면 술이 석 잔이고 못하면 뺨이 세 대다."라는 말이 있다. 보고도 중매와 같다. 잘하면 나를 드러낼 수 있는 회사 생활의 가장 큰 무기지만, 못하면 스트레스가 쌓이고 나쁜 평가를 받는다. 회사 입사 후 지금까지 별것 아니라고 생각했다면 지금부터라도 보고를 잘하기 위한 노력을 해야 할 것이다.

Q14 지시 사항과 다른 보고서가 보고되는 경우, 가장 큰 원인이 무엇이라고 생각하십니까? 또 그 원인을 줄이기 위한 방법은 무엇이라고 생각하십니까? (자유롭게 서술)

이번 문항에서도 예상하지 못한 결과가 나왔다. 이 질문을 기획할 때 지시 사항과 다른 내용의 보고서가 보고되는 경우, 가장 큰 원인이 보고자에게 있을 거라고 예상했지만 그렇지 않았다. 20명 중 8명(40%)은 피보고자 즉, 보고를 지시하는 상사가 명확하고 디테일하게 지시를 전달하지 않아 잘못된 보고서가 작성된다고 답했다. 설문 응답자 전원이 팀장급이고, 팀원에게 지시를 내리는 위치인 동시에 자신도 상사에게 보고를 지시 받는 입장이긴 하지만, 예상외로 많은 숫자의 답변이 나왔다.

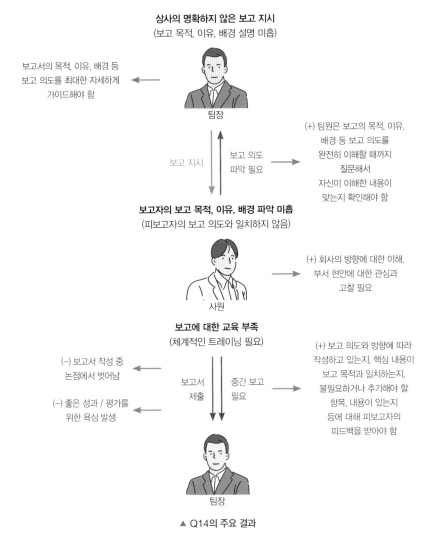

상사의 명확하지 않은 보고 지시
(보고 목적, 이유, 배경 설명 미흡)

보고서의 목적, 이유, 배경 등
보고 의도를 최대한 자세하게
가이드해야 함

팀장

보고 지시 | 보고 의도 파악 필요

(+) 팀원은 보고의 목적, 이유,
배경 등 보고 의도를
완전히 이해할 때까지
질문해서
자신이 이해한 내용이
맞는지 확인해야 함

보고자의 보고 목적, 이유, 배경 파악 미흡
(피보고자의 보고 의도와 일치하지 않음)

사원

(+) 회사의 방향에 대한 이해,
부서 현안에 대한 관심과
고찰 필요

보고에 대한 교육 부족
(체계적인 트레이닝 필요)

(−) 보고서 작성 중
논점에서 벗어남

(−) 좋은 성과 / 평가를
위한 욕심 발생

보고서
제출 | 중간 보고
필요

(+) 보고 의도와 방향에 따라
작성하고 있는지, 핵심 내용이
보고 목적과 일치하는지,
불필요하거나 추가해야 할
항목, 내용이 있는지
등에 대해 피보고자의
피드백을 받아야 함

팀장

▲ Q14의 주요 결과

기획서나 제안서, 일부 다른 목적의 보고서 종류에 따라 다르지만 기본적으로 보고서는 상사의 지시에 의해 이루어진다. 이 말은 보고의 출발점이 상사에게 있다는 것이다. 상사의 지시 의도를 100% 이해하지 못하는 보고자의 잘못(12명, 60%)도 있지만, 애초에 상사가 가이드를 제대로 전달해야 한다는 것이다.

'누가 맞고 누가 틀리다'의 문제가 아니다. 중요한 건 그다음 조치이다. 보고 지시를 할 때 보고자가 100% 이해할 수 있게 배경까지 자세히 설명해주는 팀장을 만나는 건 정말 쉽지 않다. 평생 회사 생활을 하더라도 한두 번 만날까 싶다. 그러면 보고자가 상사의 지시를 100% 명확히 파악해야 한다. 재차 강조하지만 상사의 지시 내용을 완벽히 이해할 때까지 질문해야 한다. 보고 지시를 한 상사의 목적과 보고 지시에 대한 목적 이해가 완전히 같을 때 보고서 작성을 시작하는 것이다. 그러나 대부분 그렇게 하지 않는다.

보고 의도, 목적, 배경을 100% 이해하고 보고서 작성을 시작해도 상사가 만족하지 못하는 보고서가 만들어지기도 한다. 왜 그런 것일까? 아래는 주요 결과 이외에 살펴볼 팀장의 답변이다.

상사가 만족하지 못하는 보고서가 만들어지는 이유	답변자 수
조금 복잡하거나 중요한 이슈에 대한 보고서는 작성 도중 논점에서 벗어나 엉뚱한 방향으로 작성되는 경우가 있다.	2명
평소 회사가 나아가는 방향(전략)과 시장 상황, 부서의 주요 현안들에 대해 배경지식과 관심이 부족하다.	2명
조직 관점에서 보고에 대한 교육이 부족하다.	1명
좋은 평가를 위해 욕심을 부려 보고서가 엉뚱한 방향으로 간다.	1명

▲ Q14의 주요 결과 이외의 추가 답변

위의 이유뿐만 아니라 보고서에 불필요한 내용이나 항목 등이 있는 경우, 반대로 상사가 꼭 필요로 하는 내용이 빠져있는 경우도 자주 발생한다. 이는 아무리 보고 지시를 100% 이해하고 보고서를 작성해도 상사가 원하는 보고서를 완벽히 쓰는 건 쉽지 않다는 이야기이다. 여기에서 해결책은 5명, 25%가 이야기한 중간 보고이다. 중간 보고는 5장에서 자세히 알아보겠다.

이 설문은 피보고자와 보고자 모두에게 과제를 남겼다. 피보고자는 명확한 보고 지시를 내려야 하고, 반대로 보고자도 보고 목적을 정확하게 파악하기 위해 노력해야 한다. 보고서의 논점 이탈을 방지하기 위해 중간 보고도 해야 한다. 여러분의 상사가 갑자기 보고 지시를 자세히 하지 않는 한 변화의 노력은 여러분의 몫이다.

Q15 보고를 잘하려면 어떤 노력이나 능력이 필요하며, '보고를 잘하기 위한 교육'이 있다면 반드시 포함되어야 하는 내용은 무엇인지 서술하여 주십시오. 지금도 보고를 위해 일하고 있는 많은 후배 직장인에게 보고를 잘하는 방법에 대해 해주고 싶은 말이 있으면 자유롭게 해주십시오.

목적 / 상황 파악 능력, 구성력,
논리력, 설득력, 적시성, 전달 능력 등
보고자의 다양한 능력을 통해
상사가 원하는 것을 전달하는 것

목적 / 상황(문제) 파악 능력	• 뉴스나 신문 기사 등을 통해 다양한 상황과 배경에서 목적 / 상황을 파악하는 연습하기
구성력	• 회사, 부서의 보고서 구성 특징을 파악하고, 보고서를 유형별로 구조화하는 연습하기 • 관련 서적이나 영상 매체 활용하기
문제 해결 능력	• 기존 보고서, 동종업계 기업 기사 자료 등을 통해 다양한 사례의 해결 방법 파악하기

논리력	• 사실적, 객관적 근거와 핵심 내용의 연관성 찾기 • 수치화와 데이터 분석 후 핵심 가치 도출하기
설득력	• 피보고자의 상황과 입장을 파악하고, 핵심 내용 위주의 간결한 커뮤니케이션 능력 필요
적시성	• 업무의 우선순위에 따라 효율적이고 신속하게 보고할 수 있는 능력 필요
의사소통 능력	• 논리적 말하기 기법을 습득해 연습하고, Key Message(핵심 메시지) & Key Word(핵심 단어) 위주의 보고 능력 필요

▲ Q15의 상세 결과

보고는 종합선물 세트다. 보고도, 제과 회사의 종합선물 세트도 상대가 좋아하는 것만 넣어 구성해야 선택을 받는다. 그래서 어렵고, 중요하다. 보고는 회사 생활의 필수 능력이며, 나의 다양한 역량을 보여줄 기회이자 내 인생(워라밸)에까지 큰 영향을 끼치는 중요한 것이다.

더 혼란스럽고 머리가 아프다고? 그냥 지금 하던 대로 하는 게 마음이 편하겠다고? 충분히 그렇게 생각할 수 있다. 그러나 알고 노력해야 변한다. 보고에 다양한 능력이 필요하다고 해서 겁먹을 필요 없다. 이미 여러분은 회사에서 이런 능력들을 갖추고 지금까지 잘해오고 있다. 지금보다 더 잘하고 싶기 때문에 이 책을 읽고 공부하는 것이다. 거창하게 쓰여 있지만 핵심은 명확하다. 부족하고 필요한 것들만 알아보고 내 것으로 만들면 된다.

누구나 일잘러 될 수 있다

지금까지 1장과 2장을 통해 보고에 대한 다양한 배경지식을 알아봤다. 이것을 안 것만 해도 그렇지 못한 동료들보다 훨씬 더 보고를 잘할 수 있는 무기와 잠재력을 가지게 되었다. 필자는 지금부터 보고서를 잘 쓰기 위한 다양한 방법들을 알려줄 것이다.

이 방법을 통해 보고를 이해하고 보고서 작성에 두려움이 없어지고, 더 나아가 어떤 보고 지시에도 자신감을 얻는 순간이 반드시 올 것이다. 그 순간이 지나면 회사에서 가장 중요한 업무 능력인 보고를 누구보다 능숙하게 하는 일잘러가 되어 있을 것이다. 정말 장담한다. 필자도 했고, 여기 20명의 멘토도 했으니, 여러분도 충분히 할 수 있다. 보고를 통해 나의 다양한 능력을 보여줄지 그 반대일지는 여러분의 판단에 달려 있다.

보고 능력은 훈련을 통해 완성할 수 있다

2장을 마무리하기 전에 다시 한번 강조하고 싶은 것은 '보고 능력은 타고나는 게 아닌 교육과 훈련을 통해 완성할 수 있는 기술'이라는 점이다. 보고에 정답은 없지만 분명 잘하는 법은 있다.

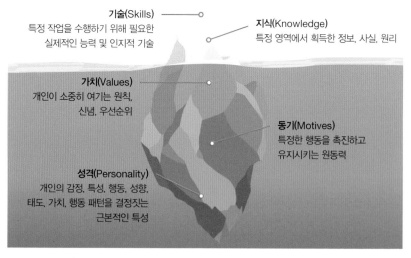

▲ 역량 빙산 모형(Iceberg Model of Competency)은 개인의 역량이 어떻게 구성되고 해석돼야 하는지 설명하기 위한 모델이다. 가치, 동기, 성격처럼 변하기 어려운 심층부와 기술, 지식처럼 변하기 쉬운 표면부로 나뉜다.[1]

'보고를 잘하는 능력은 타고나는 것'이라는 핑계는 더 이상 통하지 않는다. Q5에서 살펴본 현대카드 L팀장의 말처럼 개인이 가지고 있는 고유의 성격과 가치, 동기는 쉽게 변하지 않고 개발하기도 어렵다. 그러나 역량 빙산 모형에서 살펴본 것과 같이 표면부에 있는 '기술(Skills)'은 개발하기 쉬운 영역이어서 누구나 노력하면 개발이 가능하다. "알면 쉽고 모르면 어렵다."라는 말이 있다. 보고 능력도 스킬이기 때문에 방법을 습득하고 훈련하면 어떤 업무보다 쉬운 업무가 될 것이다.

Reporting Revolution

3장

보고는 무조건
3SMART하게!
작성은 B2WHEN으로!

아무도 가르쳐주지 않은 보고 원칙 :
3SMART

앞서 알아보았듯 '보고는 회사의 시작이자 끝이며, 공식적인 커뮤니케이션 도구'이다. 이렇게 중요한 보고인데, 아무도 가르쳐주지 않는다. 설령 가르쳐주는 사람이 있다 해도 보고에 대한 특징, 특성, 구조, 역할까지는 자세히 가르쳐주지 않는다. 보고서 작성이 막힐 때 종종 선배들에게 궁금한 것들을 물어볼 때가 있다. 선배들의 답변은 보통 이런 식이다.

"그냥 이런 식으로 작성하세요.", "여기는 이 내용 추가하면 좋고요. 아, 이 그래프 첨부하시는 게 좋겠네요.", "작성해보시다가 잘 안되거나, 모르시면 이메일에 선배들이 비슷한 보고서 작성한 거 있어요. 그거 참고하시면 됩니다.", "제 생각엔 이 부분은 빼는 게 좋을 것 같아요. 또 궁금한 거 있으면 언제든지 물어보세요."

선배 입장에서도 할 말은 있다. 보고 방법은 아는데 후배를 가르치기에는 자신도 보고에 대해 고민하고, 제대로 된 교육을 받은 적이 없어서 어렵다. 이 뿐만 아니라 '보고 종류가 많아서', '당연히 시간이 지나면 익숙해지는 거라서', '회사, 부서, 상사, 보고 종류 등에 따라 너무나 많은 경우의 수가 있어서', '그냥 일이라 지금까지 해왔지, 보고 방법에 대해 고민해본 적이 없어서' 등의 이유가 있을 것이다.

언제까지 선배만 찾을 수는 없다. 이제 내가 스스로 하나부터 열까지 상사가 원하는 보고서를 만들어야 한다. 지금부터 누구에게나 인정받는 잘 쓴 보고서를 위한 보고서 작성 가이드를 알아보자.

3SMART

이 책에서는 보고의 중요한 요소를 3SMART로 요약했다. 여기서 3S는 Simple(간결하게), Specific(구체적으로), Structural(구조적으로)을 뜻하

3SMART	
3S	Simple / Specific / Structural
M	make key Message
A	find the exact Aim
R	Receiver-oriented
T	Time-bounded / Timely manner

고, M은 make key Message(핵심 메시지 만들기), A는 find the exact Aim(정확한 목적 찾기), R은 Receiver-oriented(피보고자 지향적), T는 Time-bounded(제한 시간 안에) 혹은 Timely manner(적절한 시기에)를 뜻한다. 지금부터 설명하는 가이드를 명확히 이해하고 이에 맞추어 보고하려고 노력해야 한다. 이 가이드를 벗어나면 보고를 잘 할 수 없기 때문이다. 이 가이드를 잘 이해하고 알아야 뒤에서 설명할 보고서의 구조(Structural Format)와 방향을 터득해서 '잘 쓴 보고서'를 손쉽게 작성할 수 있다.

3SMART : Simple

과거에는 방대한 양의 보고서를 작성하는 것만으로도 보고자의 노력을 높이 쳐줬지만 지금은 절대 아니다. 아직도 보고서에 내가 알고 있는 내용, 조사한 내용을 많이 추가해 내가 이만큼 알고 준비했다는 것을 뽐내고 싶어 하는 사람들이 많다. 필자 역시 과거에는 그런 적이 많았는데, 팀장이 된 지금은 그런 보고서를 작성한 팀원에게 "열심히 준비했네요."라는 피드백보다 "쓸데없는 내용을 왜 이렇게 많이 추가했어요?"라는 피드백을 한다. 현재 많은 회사가 1페이지 보고서를 지향하고, 내부 정책으로 규정하는 이유이기도 하다.

보고에서 Simple이란 단순히 내용을 줄이고 축약하는 것이 아니다. Simple은 핵심을 정확히 파악하고 그것을 간결하게 표현하는 것이다. 그래야 피보고자도 보고의 핵심을 쉽게 찾을 수 있다.

상사의 '보고서 Simple하게 잘 만들었어'라는 칭찬은 '불필요한 내용을 과감하게 삭제하고 핵심 내용을 명확하고 간결하게 표현했다'라는 것을 의미한다.

단순성 = 핵심 + 간결함

단순할 수 없다면 통할 수 없다.
무자비할 정도로 곁가지를 쳐내고, 중요한 것만을 남겨라.
그들이 원하는 것은 요약이 아니다.

《스틱! : 1초 만에 착 달라붙는 메시지, 그 안에 숨은 6가지 법칙》
(칩 히스, 댄 히스 저/박슬라, 안진환 역, 웅진지식하우스, 2022)

> **20개 기업 일잘러 팀장에게 얻는 보고 노하우**
>
> 2장의 설문 Q10에서 '보고서에 불필요한 항목이 추가된 경우 해당 항목에 대한 삭제를 요구한다'는 답변은 20명 중 18명인 90%였다. 불필요한 내용은 필요 없을 뿐만 아니라 피보고자나 보고자 모두에게 비효율이다. 불필요한 내용을 가려내는 것도 큰 능력이다.

3SMART : Specific

보고는 최대한 구체적이어야 한다. 반복해서 말하지만 보고의 핵심 목적 중 하나는 내 보고를 통한 상사의 올바른 의사결정을 서포트하는 것이다. 이때 내 보고가 구체적이지 않다면 상사는 그 상황을 올바르게 파악할 수 없다.

예시 경쟁사의 공격적인 마케팅으로 이번 달 우리 브랜드의 매출이 대폭 감소하였습니다.

→ 경쟁사의 네이버 상단 광고 월 15회, 인스타그램 인플루언서(빠니보T, 쯔Y 등 팔로워 10만 이상) 게시글 20회 노출 마케팅으로 이번 달 우리 브랜드의 매출이 전달 대비 −50% 감소하였습니다.

우리의 뇌는 구체적인 정보를 기억하도록 만들어져 있다. 추상적인 개념은 보고 내용을 명확하게 이해하기 어렵게 만들며, 도리어 모호하게 만든다. 즉, 보고서는 가능한 한 구체적으로 표현해서, 기억하기 쉽고 전달하고자 하는 Key Message(핵심 메시지)를 명확하게 파악하도록 해야 한다.

만약 보고 내용이 구체적이지 않고 두루뭉술하거나 모호한 표현이 있다면 해당 부분에 대한 수정을 요청받거나 반복된 질문을 받을 것이다.

3SMART : Structural

기업은 팀, 부서 등 조직적인 구조를 가지고 있으며 조직은 어떤 기능을 수행하도록 협동해나가는 체계이다. 즉, 개개의 요소가 일정한 질서를 유지하면서 결합하여 일체적인 것을 이루고 있는 형태를 말한다(출처 : 네이버 지식백과).[1] 조직을 운영하는 기본이 되는 보고 또한 조직적인 형태를 이루고 있어야 한다. 회사마다 보고 형태나 구조(포맷)는 조금 다를 수 있지만 보고의 핵심은 다르지 않다. 여러 회사, 부서의 보고서를 검토해보면 크게 차이 나지 않는다.

구조화란 정보를 편성하는 방식을 말하며, 피보고자가 원하는 정보를 쉽게 인출할 수 있도록 형태를 만드는 것이 '잘한 보고'의 중요 포인트다. 보고 종류에 맞는 구성 항목이 공식처럼 구조화되어 있으면 보고는 지금과는 다르게 크게 어렵지 않을 것이다. 구조화는 매우 중요하므로 '보고도 공식이 있다 : B2WHEN- 보고의 6단계'에서 자세히 다룰 것이다.

3SMART : make key Message

보고에는 반드시 Key Message(핵심 메시지)가 필요하다. 핵심 메시지가 있어야 피보고자에게 보고의 핵심 내용, 즉 가장 중요한 의견이나 정보를 빠르고 쉽게 전달할 수 있다. 이뿐만 아니라 핵심 메시지가 있어야만 간결하고 명확하게 보고 목적을 전달할 수 있다.

1992년 미국 대통령 선거 후보인 민주당 빌 클린턴의 전략은 한 문장의 Key Message(핵심 메시지) 활용이었다.

It's the economy, stupid!(경제라니까, 멍청아!)

참모가 고안해낸 한 문장의 문구를 통해 상대 진영뿐만 아니라 당시 불황을 겪고 있던 국민에게 단순(핵심 + 간결함)하고도 강력한 메시지를 전달했기에 선거에서 승리할 수 있었다.

물론 내가 작성한 핵심 메시지가 보고 받는 상사의 의견과 다를 수도 있다. 하지만 핵심 메시지에 대한 근거가 명확하다면 틀린 것이 아니다. 상사를 이해시킬 수 있는 이유이기 때문이다. 우리는 핵심 메시지를 만드는 노력을 지속적으로 해야 한다. 그래야만 그 과정에서 보고를 요약하고 핵심을 전달하는 능력이 길러지기 때문이다.

'Key Message(핵심 메시지)를 꼭 만들어라'라고 하면 필자의 몇몇 수강생들이 이런 질문을 한다. "단순한 현황 파악 보고를 할 때도 핵심 메시지를 써야 하나요? 쓸 말이 없는데요?", "이번 신제품 출시에 대한 마케팅 플랜을 보고할 건데 핵심 메시지가 있나요?", "데이터 자료를 요청할 때도 핵심 메시지가 있나요?" 등이다. 이때는 나의 제안 또는 피보고자가 꼭 알아야 하는 사항이나 특이 사항이 Key Message(핵심 메시지)가 된다. 핵심 메시지를 꼭 별도의 문장으로 쓰지 않아도 된다. 필요하다면 볼드 처리하거나 음영 또는 밑줄, 상자 표시, ★이나 ✔ 표시로 강조하면 된다. 하이라이트 방법에 대해서는 6장에서 자세히 설명하겠다.

3SMART : find the exact Aim

보고의 정확한 의도, 목적을 찾는 것은 보고의 기본이자 보고를 잘하기 위한 시작점이다. 이미 2장에서 알아본 바와 같이 보고를 어렵게 느끼는 가장 큰 이유는 '보고의 목적 파악'이었다. 아무리 단순하게, 구체적으로, 구조화하여 Key Message(핵심 메시지)를 작성해 보고한다고 해도 상사의 보고 목적과 맞지 않는다면 우리가 만든 보고서는 휴지 조각으로 변한다. 그렇게 되면 멘털이 나가는 동시에 상사의 잔소리와 함께 야근을 해야 하는 불행한 경우가 발생한다.

회사 경력이 늘어나고 경험이 쌓이고, 다양한 상사를 경험하다 보면 정확한 보고 목적을 찾는 능력이 점점 나아진다. 그렇다고 회사 경력이 짧다고 보고를 잘하지 못하고, 경력이 길다고 무조건 잘하는 것은 아니다. 신입 사원도 경력이 짧은 직원도 충분히 정확한 보고 목적을 잘 찾을 수 있는 방법이 있기 때문이다.

보고 목적을 파악하기 위한 질문하기

2장의 Q14에서도 확인했듯이 보고 목적을 잘 찾는 방법은 '명확히 알 때까지 질문하기'이다. 무슨 당연한 소리냐고? 그런데 회사에서 보고를 지시 받은 직원들은 잘 안 한다. 아니 거의 안 한다. 자신이 상사의 지시를 한 번에 알아듣는 척척 일 잘하는 직원이 되고 싶기도 하고, 멋진 아이디어를 통해 깜짝 놀랄 보고서를 보여주고 싶어 하기도 한다. 이로 인해 상사의 지시를 상사의 입장이 아닌 본인의 입장에서 자의적으로 판단하기도 한다.

물론 이런 경우 명확하고 디테일하게 지시하지 않은 상사에게도 분명히 책임이 있다. 그렇다고 상사의 구체적이지 않은 지시까지도 머리 꽁꽁 싸매며 고민할 필요가 전혀 없다. 상사의 보고 목적과 내가 이해하는 목적이 정확히 일치하는지를 물어보고 또 물어보면 된다.

상사의 보고 지시에 "네, 알겠습니다."라고 답하고 보고서를 만드는 도중에도 보고 목적이 명확하지 않다면 바로 일어나서 다시 물어보라. '내가 계속 물어보면 한 번에 보고 의도를 이해하지 못하는 사람으로 생각할까?', '처음 지시할 때 안 물어보고 지금 물어보면 경청하지 않는 사람으로 생각할까?', '팀장님이 바쁘신데 계속 질문하면 귀찮아하지 않을까?' 등의 생각을 충분히 할 수 있다. 그러나 팀장들은 전혀 그렇게 생각하지 않는다. 명확하지 않으면 다시 물어보는 건 당연하다. 보고 의도와 다르게 파악해서 엉뚱한 보고서를 만들어 보고하는 것이 더 창피하고, 피해야 하는 일임을 명심하라. 다음과 같이 한마디만 말하면 된다.

팀장님, 지시 사항이 최근 ○○건설 사례를 통해 우리 회사의 PF 대출 상환 계획에 대한 분석을 할 때 최근 기업 대출 금리 인상을 포함해서 만들어보라는 말씀이시죠? 제가 이해한 게 맞는지 확인차 질문드립니다.

팀장님, 바쁘신데 잠시만 양해 부탁드립니다. 제가 보고서를 만들다 조금 헷갈리는 부분이 있어서요. 아까 말씀하신 내용이 예상 비용과 경쟁사의 내용은 꼭 추가하고, 신제품 출시에 대한 프로모션을 온라인과 오프라인의 기대 효과를 비교해서 전략을 세워보라는 말씀이죠?

3SMART : Receiver-oriented

아무리 비싼 음식도 최고의 서비스를 제공하는 고급 식당의 음식도, 내 입

맛에 맞지 않으면 먹기 싫고 기분도 좋지 않을 것이다. 보고가 어려운 또 다른 이유가 여기에 있다. 상사마다 원하는 스타일이 조금씩 다르다. 도표 넣는 것을 좋아하는 상사, 형식을 매우 중요하게 여기는 상사, 다양한 근거 자료나 예시를 좋아하는 상사, 기발하거나 참신한 대안을 좋아하는 상사 등 매우 다양하다. 그러나 어떻게 하겠는가? 우리는 최대한 피보고자의 특성을 파악해 그에 맞는 보고서를 만들어야 한다.

상사의 유형을 쉽게 찾는 팁

현대 심리학 분야의 선구자로 인정받는 쿠르트 레빈은 리더십을 위임적(자유방임적), 독재적(권위주의적), 참여적(민주주의적) 3가지로 구분하였다. 국내에서는 2018년 삼성전자 권오현 회장이 리더를 주도적, 대응적, 수동적, 방어적 4가지로 구분했다. 최근에는 인기 있는 성격유형 검사 MBTI의 16개 특성에 따라 리더 스타일을 구분하기도 한다. 이외에도 리더의 스타일을 구분하는 이론은 많다. 이러한 구분을 통해 나의 상사가 어느 특성을 가졌는지 파악해 그에 맞는 보고서를 작성하는 것도 하나의 팁이다.

그러나 이러한 유형 분석을 통해 그에 맞는 특징을 찾고 거기에 맞는 스타일로 보고서를 쓰는 것조차 번거롭기도 하다. 또한 상사가 어떤 하나의 유형에 정확하게 맞아 떨어지지 않는 경우도 많다.

가장 빨리 상사(피보고자)의 특성을 파악하고 그가 만족하는 보고서를 쓰려면 기존 보고서 중 상사에게 좋은 평가를 받은 보고서를 참조하거나, 상사 유형 분석을 이미 끝낸 동료 또는 선배를 적극 활용하는 편이 훨씬 효율적이다. 가장 빠르고 정확한 방법은 같은 팀, 부서에 일 잘하는 선배에게 상사가 원하는 보고 스타일을 물어보는 것이다. 상사와 몇 년 더 일한 선배는 이미 상사에 대한 분석이 끝나 그가 원하는 것을 너무나 잘 알고 있을 것이다. 고민하지 말고, 친한 선배나 사수에게 물어봐라. 시행착오를 미리 겪은 선배만이 나의 시행착오를 줄여줄 수 있다.

3SMART : Time-bounded / Timely manner

두 상사의 지시 내용을 비교해보자.

정 대리님, 지금 바로 전국 매장의 이번 달 매출 좀 확인해줄 래요?

정 대리님, 전국 매장의 이번 달 매출 좀 확인해줄래요?

지시 내용은 같다. 그러나 매우 큰 차이가 있다. '지금 바로'란 표현이 있고 없고의 차이다.

'지금 바로'가 있는 첫 번째 지시는 지금 하는 일을 잠시 멈춰두고 빨리 매출을 확인해달라는 이야기이다. 지금 바로 하면 된다. 그러나 문제는 두 번째 지시이다. 매출 확인 보고를 지금 바로 해달라는 뜻인지, 오전 내로 하면 되는 것인지, 아니면 오늘 안에 해달라고 하는 것인지 모호하기 때문이다.

"그냥 시간되는 대로 해주세요!", "지금 뭐 급하게 하고 있으면 그거 끝나고 해주세요!", "오늘 아니면 내일까지만 해주세요.", "이번 주까지만 해주세요." 아주 모호한 표현들이다. 필자도 매번 반성하지만 정말 많이 쓴다. "내일까지 해주세요."가 내일 몇 시를 뜻하는 것인가?

이럴 땐 상사에게 즉시 물어봐야 한다. "이 보고 언제까지 하면 될까요

(Time-bounded)?"라는 간단한 한마디면 된다. 그럼 상사가 원하는 시간을 답변해줄 것이고 그에 맞춰서 보고 자료를 만들면 된다.

여기서 생각해봐야 할 중요한 포인트가 있다. 회사에서 자주 일어나는 상황으로, 오늘 3시까지 보고하기로 한 자료를 작성하다가 아무리 생각해도 3시까지 완료할 수 없겠다는 생각이 드는 경우이다. 그렇다면 즉시, 보고 제출 시간에 대한 중간 보고를 적절하게(Timely manner)해야 한다. 어떠한 이유에서 늦을 것 같고 그래서 몇 시까지 보고가 가능하다고 말이다.

'조금 늦어도 되겠지?', '3시까지 보고해달라고 했는데, 팀장님이 회의 가셔서 4시에 오시니까 그때까지 하면 되겠지?', '괜히 조금 늦는다고 이야기하면 일을 시간 내에 못하는 사람으로 비춰지겠지? 중간 보고 없이 그냥 조금 늦더라도 다 하고 보고해야지' 같은 이유로 중간 보고 없이 타임라인을 지나서 일하는 경우가 대단히 많다. 상사는 보고하기로 한 시간을 정확히 알고 있는데 말이다. 5분, 10분 정도 늦는 게 별일 아니라고 넘겨짚는 태도 때문에 부정적인 평가를 받거나 신뢰받지 못하는 상황이 생길 수도 있다. 더 나아가 상사가 매우 곤란한 상황을 맞이할 수도 있다.

20개 기업 일잘러 팀장에게 얻는 보고 노하우

2장의 설문 Q11에서 '자신이 지시한 요청 시간보다 보고를 빨리 받길 원한다'는 답변은 20명 중 16명인 80%였다. 상사는 마감 시간보다 보고를 빨리 받길 원한다. 그러나 그렇지 못할 경우 적어도 자신이 요청한 시간 내에는 보고 받기를 원한다는 것을 명심해야 한다.

상사가 원하는 보고를 위해서는 예측을 통한 처방이 필수 : 가트너 분석 성숙도 모델

문제 상황을 예측하여 보고하라

보고가 일어나는 상황을 분석해서 카테고리를 나눈다면 가장 많은 보고 상황 중 하나는 '문제 발생' 상황일 것이다. 특히 3, 4차 산업혁명으로 인한 인터넷 보급, 인공지능(AI) 발달로 인한 삶의 패턴 변화로 과거와 비교되지 않을 정도로 모든 분야에 걸쳐 다양한 문제가 발생하고 있다. 소비재 기업의 경우 인터넷이 없었던 시절에는 오프라인에서만 제품을 판매했고 그 과정에서 생기는 문제만 처리하면 되었다. 그러나 인터넷의 발달로 온라인 판매가 자유로워진 지금을 생각해보자. 온라인 전용 제품, 온라인 홍보 마케팅에서부터 온라인 전용 CS까지 다양한 일이 생겨났고 과거에는 없던 수많은 문제들이 발생하고 있다.

이렇듯 보고의 대부분을 차지하고 있는 문제 발생 상황에서 우리는 어떤 보고를 하고 있을까?

김 대리님, 이번 달 경남 지역에서 타 지역보다 매출이 더 빠지는 이유 좀 보고해주세요.

이때 우리는 단순히 그 상황을 파악하고 그에 대한 원인 분석과 진단을 내릴 것이다. 경남 지역이 다른 지역보다 얼마나 매출이 떨어졌는지, 왜 떨어졌는지에 대해서 말이다.

과거와 미래를 함께 분석할 가트너 분석 성숙도 모델 적용하기

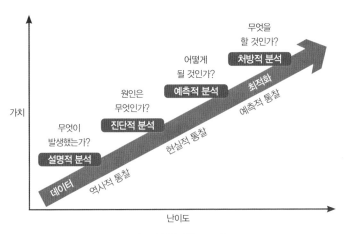

▲ 가트너 분석 성숙도 모델

미국의 정보 기술 연구 및 자문 회사인 가트너에서는 데이터의 분석 유형을 4가지 모델로 구분하였다. 이 4가지 유형은 데이터를 통해 문제의 원인을 분석하고, 문제 해결 예측을 통한 최적화된 실행 수행을 목표로 한다. 간단히 정리하면 다음과 같이 문제 해결을 위한 가장 적합한 해결책을 찾는 과정이다.

'경남 지역이 다른 지역보다 얼마나 매출이 떨어졌는지, 왜 떨어졌는지'는 가트너 분석 성숙도 모델에서 설명적 분석(과거)과 진단적 분석(원인)을 한 것이다. 과거에 이미 일어난 일에 대한 사실을 분석한 것이다. 대부분 보고서를 쓸 때 여기까지만 준비하는 경우가 많다. 그러나 상사가 원하는 것은 발생한 사건에 대한 설명적, 진단적 분석만이 아니다. 이 문제(타 지역에 비해 경남 지역의 매출 하락)에 대한 예측적 분석(미래)에 토대를 둔 처방적 분석(구체적 행위)이 보고의 핵심이다.

📑 가트너 분석 성숙도 모델을 적용한 보고 사례

- 설명적 분석(과거) : 경남 지역 8월 매출 −25% 감소(타 지역 평균 대비)
- 진단적 분석(원인) : 8월 평균 35도의 폭염으로 인한 매장 방문객 −30% 감소
- 예측적 분석(미래) : 9월 평균 33도의 폭염 지속으로 예측, 매출 −15% 감소 예상(타 지역 평균 대비)
- 처방적 분석(행위) :
  ① 9월 한 달 사은품 행사 진행(10만 원 구매 고객에게 1만 원 커피 쿠폰 증정)
  ② 인스타그램 릴스, 유튜브 쇼츠 월 2회 SNS 홍보 진행
  → 프로모션을 통한 타 지역 대비 9월 +10% 성장 예상, 전월 대비 +30% 성장 예상

설명적, 진단적 분석을 통한 '문제 파악'을 하고 예측적, 처방적 분석을 통한 '문제 해결 방법과 예상'을 포함해야 피보고자의 보고 지시에 정확히 부합하는 보고를 할 수 있다. '문제 파악(설명적 분석과 진단적 분석)'에서 보고가 멈추느냐, '문제 해결 방법과 예상(예측적 분석을 통한 처방적 분석)'을 포함하느냐에 따라 일반적인 보고와 상사가 원하는 보고로 평가가 극명하게 갈린다.

보고 목적 쉽게 찾기 :
보고의 시작은
Needs와 Wants

앞서 가트너 분석 성숙도 모델을 통해 보고서 작성 시 문제와 원인 파악은 필수적이고, 이를 토대로 미래를 예측하고 구체적 처방(제안)까지 작성해야 한다는 것을 알았다.

- 보고의 시작 = 정확한 보고 목적(의도) 파악
- 보고의 핵심 = 문제 해결을 위한 Key Message(핵심 메시지)

  문제 해결을 위한 제안

  제안을 통한 기대 효과
- 보고의 끝 = 특이 사항(Remark)과 이후 계획(Next Step)

그럼 이제 보고서 작성을 위한 지시 목적을 찾아야 한다. 앞서 3SMART를 설명하는 부분에서 '정확한 목적 찾기(find the exact Aim)'의 중요성에 대해서 알아보았다. 이제는 Needs(필요성)와 Wants(만족도)를 통해 보고의 목적

을 찾는 법을 알아보고, 지시 목적 해석에 따라 얼마나 큰 차이를 만들어내는지 예시를 통해 알아보겠다.

상사의 보고 목적, Needs와 Wants 찾기

먼저 Needs(필요성)와 Wants(만족도)의 개념부터 예시를 통해 명확하게 알아보자. 내가 지금 너무 배가 고파 가장 좋아하는 치킨이 너무 먹고 싶다. 그러나 치킨집이 없어서 그다지 좋아하지 않는 피자집에 가서 피자를 배불리 먹었다. 이때 나는 배고픔이라는 Needs(필요성)는 채웠지만, 내가 먹고 싶은 치킨을 먹지 못하여 Wants(만족도)는 충족시키지 못했다.

Needs(필요성)는 상사의 표면적 지시 사항으로 당연히 해야 하는 것이다. Wants(만족도)는 상사가 진정으로 원하는 것으로, 이를 잘 파악해서 보고해야 상사가 원하는 '잘 쓴 보고서'라는 평가를 받는다.

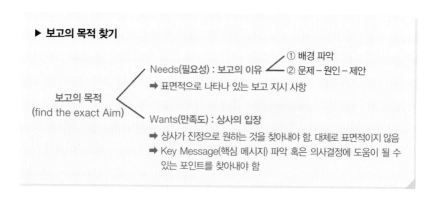

▶ 보고의 목적 찾기

보고의 목적
(find the exact Aim)

Needs(필요성) : 보고의 이유 ── ① 배경 파악
② 문제 – 원인 – 제안
➡ 표면적으로 나타나 있는 보고 지시 사항

Wants(만족도) : 상사의 입장
➡ 상사가 진정으로 원하는 것을 찾아내야 함. 대체로 표면적이지 않음
➡ Key Message(핵심 메시지) 파악 혹은 의사결정에 도움이 될 수 있는 포인트를 찾아내야 함

상사에게 보고 지시를 받았을 때 상사의 Needs(보고의 필요성)를 정확히 파악하는 것은 당연하다. 여기서 Needs는 상사가 지시한 내용이라고 단순하

게 생각하면 된다. 그 지시에 포함된 함축적 의미의 지시 사항이 아닌, 표면적으로 나타난 지시 사항인 것이다.

보고서의 종류에 따라 조금씩 차이는 있지만, 보고 상황은 기본적으로 '문제 발생-원인 파악-해결 방안 제안'의 구조를 가지고 있다. 보고 목적 중 보고의 이유(Needs)를 찾는 방법은 '배경 파악(원인)을 통한 문제 찾기'이다. 배경을 파악(원인)하고 문제를 찾았다면 나머지는 해결책을 위해 스스로 고민해야 하기 때문이다. 그렇다면 보고의 이유를 잘 찾기 위해 먼저 문제에 대해 알아보자.

[문제] 찾기

[문제]는 다음과 같이 여러 가지 상황과 문제(이슈)로 해석하는 것이 매우 중요한 포인트다.

📋 **[문제]**

- 사건, 이슈, 상황, 갈등, 불만, 요청, 필요 개선, 잠재적 문제, 예상 가능 문제, 사건, 상황 등 보고서 작성 배경의 핵심 소재
- (팀 또는 부서)의 기존 수립한 목표(타깃)와 현재 상황과의 차이

[문제]는 조직 외부뿐만 아니라 조직 내부, 더 들어가면 팀, 개인 간에도 발생한다. 얼마 전, 필자의 팀원 중 한 명이 자기 후배보다 팀 업무를 많이 한다는 이유로 필자에게 면담을 신청한 적이 있다. 필자는 그에게 '개선 방법에 대한 보고서'를 요청했다. 이렇게 개인 간의 불만도 [문제]다. 다시 말해 조직 내외부에서 일어날 수 있는 모든 사건을 [문제]라고 생각하면 매우 간단하다. 매우 중요하고 큰 이슈일 수도, 그렇지 않을 수도 있다. 우리 회사의 프린터가 자주 고

장 난다면 이 또한 [문제]이며 해당 부서는 원인을 파악하고 제안을 통해 이 [문제]를 해결해야 할 것이다. 여기에 [문제]의 다른 형태가 있다. 현재의 상황과 목표(타깃)의 차이다. 예를 들어 현대자동차에서 이번 달 생산량이 목표(타깃) 대비 65%(현재 상황)밖에 되지 않았을 때, 이 또한 해당 부서뿐만 아니라 회사가 해결해야 할 [문제]다.

너무 어렵고 복잡하게 생각하지 말자. '보고를 하라'는 상황 자체에 크든 작든 [문제]가 있는 것이고 [문제]가 있으면 당연히 원인이 있기 마련이다. 그렇기에 흔히 '보고를 쉽게 처리하는 사람'은 [문제]를 찾는 데 익숙하고 그 원인을 파악해 [문제] 해결을 위한 적절한 제안을 할 뿐이다.

예시로 배우는 상사가 원하는 보고 목적 찾기

이제 보고의 Wants(만족도)다. Needs(필요성)는 상사가 지시한 표면적 지시 내용이라고 한다면, Wants(만족도)는 상사의 입장에서 생각해 상사가 보고를 통해 원하는 것을 찾아내는 것이다.

📋 Wants(만족도) 찾는 법(순서)

상사의 입장에서
1 왜 이 보고를 해야 하지?
2 무엇을 위해 이 보고를 해야 하지?
3 이 보고 후 그다음에는 뭘 할 거지?
4 정말 상사가 원하는(궁금해하는) 것은 뭐지?
→ **배경 분석 필요**

다음 예시의 지시를 직접 받았다고 생각하고 머릿속에 그려보자.

- 배경 상황 : 7~8월 2달간 수도권 내 5개 플래그십 매장의 매출 활성화를 위해 각 매장의 매출 타깃을 세우고 타깃 구간 달성 시 인센티브를 지급하는 프로모션을 진행하였다.
- 보고 지시 : 강 대리님, 이번에 진행한 5개 플래그십 매장 인센티브 프로모션에서 얼마나 목표를 달성했는지 정리 좀 해주세요.

이 지시의 목적(find the exact Aim)은 무엇인가? 팀장의 지시를 지금까지 배운 Needs(필요성)와 Wants(만족도)를 생각하며 3가지로 나누어 해석해보자.

해석1

- Needs(보고의 이유) : 5개 플래그십 매장의 7~8월 타깃 대비 매출 달성 결과

(단위 : 원)

매장명	7, 8월 매출 타깃	7월 매출	8월 매출	7, 8월 매출 합산	달성률
A	88,500,000	43,500,000	59,990,000	103,490,000	117%
B	115,000,000	51,630,000	64,120,000	115,750,000	101%
C	72,000,000	35,345,000	31,100,000	66,445,000	92%
D	105,000,000	65,400,000	72,400,000	137,800,000	131%
E	124,500,000	64,234,000	72,072,000	136,306,000	109%

보통은 이렇게 5개 매장의 매출과 타깃 대비 몇 % 목표를 달성했는지 보기 좋은 표나 그래프를 만들어 보고할 것이다. 지시 그대로 팀장이 원하는 5개 매장의 목표 달성률(Needs)이 명확하게 드러나 있다. 그러나 이어지는 해석과 비교해보자.

해석2

- Needs(보고의 이유) : 5개 플래그십 매장의 7~8월 타깃 대비
  매출 달성 결과
- Wants(상사의 입장) : **인센티브 지급 금액 + TTL(달성률, 인센티브 금액)**

(단위 : 원)

매장명	7, 8월 매출 타깃	7월 매출	8월 매출	7, 8월 매출 합산	달성률	인센티브 지급 금액
A	88,500,000	43,500,000	59,990,000	103,490,000	117%	700,000
B	115,000,000	51,630,000	64,120,000	115,750,000	101%	500,000
C	72,000,000	35,345,000	31,100,000	66,445,000	92%	–
D	105,000,000	65,400,000	72,400,000	137,800,000	131%	1,100,000
E	124,500,000	64,234,000	72,072,000	136,306,000	109%	500,000
TTL	505,000,000	260,109,000	299,682,000	559,791,000	111%	2,800,000

해석1의 보고에 인센티브 지급 금액과 TTL(Total) 항목이 붙었다. **해석1**과 별 차이 없어 보이지만 사실 엄청난 차이가 있다. 보고를 지시한 팀장이 알고 싶은 것(find the exact Aim)이 추가된 것이다.

그럼 이게 끝일까? 또 다른 해석은 없을까? 혹시 더 추가할 것은 없을까? **해석2**까지만 해서 보고하면 '일잘러'라는 평가를 받을 수 있을까? 아래의 **해석3**과 비교해보자.

해석3

- Needs(보고의 이유) : 5개 플래그십 매장의 7~8월 타깃 대비
  매출 달성 결과

- Wants(상사의 입장) : 인센티브 지급 금액 + TTL(달성률, 인센티브 금액) **+ 결론(Key Message), 특이 사항(C, D 매장의 달성률 차이가 큰 이유)**

결론

인센티브를 통한 강력한 동기부여 및 주별 달성률을 통한 매장별 프로모션으로 타깃 대비 평균 TTL +111% 달성

(단위 : 원)

매장명	7, 8월 매출 타깃	7월 매출	8월 매출	7, 8월 매출 합산	달성률	인센티브 지급 금액
A	88,500,000	43,500,000	59,990,000	103,490,000	117%	700,000
B	115,000,000	51,630,000	64,120,000	115,750,000	101%	500,000
C	72,000,000	35,345,000	31,100,000	66,445,000	92%	–
D	105,000,000	65,400,000	72,400,000	137,800,000	131%	1,100,000
E	124,500,000	64,234,000	72,072,000	136,306,000	109%	500,000
TTL	505,000,000	260,109,000	299,682,000	559,791,000	111%	2,800,000

특이 사항

- C 매장 : 매장 인근 스타필드 오픈으로 인한 매장 입점 고객 −32% 감소 → 매출 부진 지속 예상
- D 매장 : 5개 매장 중 유일 전 직원 개별 타깃 부여 / 프리미엄 제품 출시, 온라인 연계 매장 맞춤형 프로모션으로 타깃 대비 +131% 달성

해석2도 어느 정도 잘했다고 생각했는데 **해석3**이 더 잘해 보인다고? 왜 그런지 곰곰이 생각해보자. 팀장이 매장 인센티브 프로모션의 달성률을 알려달라

고 하는 건 **해석2**와 같이 각 매장 달성률을 통해 우리가 각 매장에 지급해야 할 총 금액이 궁금하다는 뜻이다. 우리가 얼마를 쓰고, 얼마를 벌었냐가 보고의 핵심이다. 그러나 여기에서 끝난다면 일잘러가 아니다. 일잘러는 보고서 구성의 핵심 내용인 결론(Key Message)과 보고가 끝났을 경우 예상되는 가장 첫 번째 피보고자 질문의 답을 특이 사항에서 작성하였다. 보고 지시에 대한 3가지 해석을 비교해보자.

해석1

- Needs(보고의 이유) : 5개 플래그십 매장의 7~8월 타깃 대비 매출 달성 결과

해석2

- Needs(보고의 이유) : 5개 플래그십 매장의 7~8월 타깃 대비 매출 달성 결과
- Wants(상사의 입장) : 인센티브 지급 금액 + TTL(달성률, 인센티브 금액)

해석3

- Needs(보고의 이유) : 5개 플래그십 매장의 7~8월 타깃 대비 매출 달성 결과
- Wants(상사의 입장) : 인센티브 지급 금액 + TTL(달성률, 인센티브 금액) + 결론(Key Message), 특이 사항(C, D 매장의 달성률 차이가 큰 이유)

같은 지시지만 Wants(상사의 입장)에 의해 큰 차이가 있음을 알 수 있다. 물론 **해석3**의 보고가 정답은 아니다. 그러나 잘 쓴 보고서와 그렇지 않은 보고서는 분명 차이가 있다. 만약 **해석1**로 문서를 작성하고 보고했다면, **해석2**와 **해석3**에 담은 Wants의 내용에 대해 질문을 받거나 내용을 추가하라는 지시가 반드시 내려졌을 것이다. 여기서 잘 쓴 보고서의 정의를 도출해낼 수 있다.

📋 잘 쓴 보고서란?

- 상사의 입장에서 피보고자의 Wants(만족도)를 높이는 보고서
- 표면적 지시 사항인 Needs(필요성)는 필수. 피보고자의 Wants (만족도)를 파악해 보고 지시 의도 충족. 여기에 보고 내용과 관련된 질문 또는 추가 지시의 여지 자체를 만들지 않을 정도로 상사가 직접 만든 수준의 보고서

앞서 살펴본 예시처럼 [문제] 파악이 필요 없는 보고는 아래 항목을 활용해 Wants(만족도)를 찾는 연습을 해보자.

- ✔ 지시받은 보고의 배경, 상황 파악
- ✔ 질문을 통한 보고 목적을 정확히 이해
- ✔ 피보고자의 만족도 및 기대 수준 고려
- ✔ 보고 지시의 내재된 보고 목표 파악

상사에게 보고 지시를 받는 순간, 그 목적을 명확하게 파악하고 보고서 작성을 시작한다고 해도 보고서를 작성하며 '이걸 추가하는 게 좋을까?', '이 부분은 빼는 게 맞는 거 같은데?', '이런 걸 원하시는 게 맞겠지?' 등 많은 의문점이

생긴다. 이때는 앞의 4가지 항목을 기준으로 판단하고 중간 보고 등으로 내 생각이 맞는지 반드시 확인해야 한다.

- ✔ 상사가 이 보고를 통해 진정 무엇을 원할까?
- ✔ 상사가 이를 통해 얻고자 하는 것은 무엇일까?

보고의 의도 파악이 쉬운 보고 지시는 보고서를 쉽게 작성할 수 있지만, 그렇지 않은 보고 지시에서는 상사의 속뜻을 찾기가 만만치 않다. 보고의 의도를 잘못 파악하면 보고서는 그 자체만으로도 아무런 의미가 없다. 상사의 입장에서 상사가 만족할 만한, 상사에게 도움이 되는 포인트를 찾는 연습을 지속해서 한다면 보고의 의도 파악이 곧 익숙해질 것이다.

보고도 공식이 있다 :
B2WHEN - 보고의 6단계

이제 보고를 잘할 자신감이 어느 정도 생겼을 것이다. 그렇지 않다고? 보고가 어떤 것인지, 어떻게 접근해야 하는지 알 것 같지만 쉽사리 시작하지 못하겠다고? 아직도 선배가 보내준 보고서 중에서 상사의 비슷한 보고 지시를 받고 작성된 보고서가 있는지 문서를 검색하고 있다고?

몇 년 전으로 되돌아가보자. 회사에 입사하기 전 우리가 반드시 넘어야 하는 관문 중 하나는 자기소개서이다. 이때 다음 페이지와 같이 2가지의 자기소개서 항목이 있다고 할 때 어느 것이 더 작성하기 편리한가? 당연히 '항목이 정해진 자기소개서'일 것이다.

항목이 정해진 자기소개서는 그 항목에 맞춰 작성하면 된다. 자유 형식은 대강 어떤 내용을 쓰는 게 좋을지 알더라도 막상 글을 쓰려면 쉽지 않다. '맨 처음에는 무엇을 쓰는 게 제일 좋은지?', '어떻게 문단을 나누어야 할지?', '얼마나 써야 할지?'만 생각해도 머릿속이 복잡해진다.

1. 삶을 통해 이루고 싶은 인생의 비전 또는 목표 3가지를 우선순위 순으로 써주십시오.
1)
2)
3)

2. 자신이 다른 사람과 구별되는 능력이나 기질을 써주십시오.
1)
2)
3)

3. 자신의 인생에 가장 영향을 끼친 사건 3가지를 든다면?
1)
2)
3)

4. 살아오면서 자신이 성취한 것 중 자랑할 만한 것을 1~2가지 소개해주십시오.

5. 후배에게 추천하고 싶은 책 3권을 중요한 순서대로 적어주십시오.

책 제목	저자	이유
1)		
2)		
3)		

자기소개를 자유 양식으로 작성해주세요.

▲ 항목이 정해진 자기소개서　　　　▲ 자유 형식의 자기소개서

우리가 어릴 때부터 어떤 조직이나 모임에 처음 갔을 때 하는 것이 있다. 바로 자기소개이다. 간혹 내가 첫 번째로 하는 경우가 있다. 이럴 때 보통 사람들은 난생처음 하는 자기소개도 아닌데 순간 당황해서 무슨 말을 먼저 해야 할지 급하게 생각하게 된다. 이때 우리가 당황하는 이유는 자기소개 항목이 정해지지 않았기 때문이다. ① 이름, ② 나이, ③ 사는 곳, ④ 취미, ⑤ 내가 이 조직(모임)에 들어온 이유, ⑥ 활동 각오 등 명확한 항목을 정해주면 너무나 쉬운데 말이다.

이와 같은 이유로 보고가 어려운 것도 구조(포맷)가 명확하지 않아서이다. 그러나 회사의 보고서는 (사업)기획서, 연구 결과 보고서, 논문, 에세이처럼 기존에 없었던 것을 새로 만드는 문서가 아니다. 반드시 보고서에 들어가야 하는 내용과 다양한 보고 사례들이 있고, 팀 또는 부서, 회사 전체에서 그동안 진행해왔던 구조와 스타일 등이 있다. 기본 구조(공식)에 다양한 보고 종류와 보고

상황, 상사의 성향에 맞게 일부만 변경하면 된다.

상사의 보고 목적을 잘 찾고, 그에 맞는 핵심 내용도 명확하게 구상하였다. 그렇다면 보고서를 작성할 때 각 항목에 맞는 내용을 써넣으면 보고서 작성이 손쉬워진다. 이제부터 중요하지만 아무도 가르쳐주지 않는 보고의 기본 구성과 틀, 포맷에 대해 자세히 알아보자.

B2WHEN – 보고의 6단계

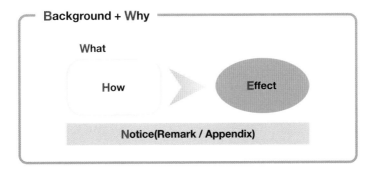

보고는 6단계, B2WHEN으로 구성된다. 우선 B2WHEN(비투웬)이라는 머리글자부터 외우자. 이어지는 내용에서 설명할 B2WHEN의 구성 항목별 역할과 기능을 정확하게 숙지하면 다양한 보고 상황에 맞게 자유자재로 변형해서 보고서를 구성할 수 있다.

B2WHEN : Background – 무슨 문제야?, 무슨 상황이야?

배경 상황은 보고의 종류, 보고의 상황에 따라 넣거나 빼도 상관없다. 나에게 지시를 한 상사가 해당 문제에 대한 배경을 자세히 알고 있다면 해당 항목을 빼면 되고, 그렇지 않다고 생각하면 추가하면 된다. 예를 들어 팀장이 "지금 우리 홈페이지 로그인 시스템이 계속 오류가 난다고 하네요. 무슨 일인지 확인하고 대책 보고 좀 해주세요."라고 지시한 경우, 이미 팀장이 문제에 대해 알고 있기 때문에 배경은 삭제해도 무방하다.

이와 반대의 상황도 있을 수 있다. "지난주 오픈 매장 이벤트 결과 보고를 부서 전체 팀장들과 부서장님까지 포함해서 이메일로 공유해주세요."라고 한다면 나의 팀장은 해당 매장 이벤트에 대해 잘 알고 있지만 나머지 수신자들은 그렇지 못한 경우이다. 이처럼 문제에 대한 배경 상황이 파악되지 않은 수신자가 있다면 배경 항목을 반드시 써야 한다.

결재를 위한 품의서에는 보통 배경 항목을 맨 앞에 쓴다. 첫 번째로 품의를 결재하는 사람이 담당 팀장이라면 해당 문제에 대해 잘 알 수 있지만, 그다음 결재 라인의 리더들은 한 부서의 다른 팀에서 발생한 해당 내용을 자세히 모르는 경우가 있기 때문이다. 배경은 보통 육하원칙(5W1H)에 따라 누가 보더라도 상황을 명확하게 알 수 있도록 간결하게 작성해주면 된다.

> 예시 배경은 서술형이 아닌 단문으로 작성(5W1H 중 필요 항목만 사용)

1. 배경
   1) 일시 : 2024년 10월 10일~20일(11일간)
   2) 해당 매장 : ○○점, □□점, ◇◇점 총 3개 매장
   3) 이벤트 내용 : 인스타그램에 매장 사진 업로드 시 사은품 증정 및 10% 추가 할인 쿠폰 지급

B2WHEN : Why – 문제의 원인, 보고의 목적이 무엇인데?

보고서 작성의 이유이다. 문제 원인을 분석하여 보고의 목적을 찾고, 그 목적을 구체화하기 위한 이유를 찾는 과정이다.

- 문제에 대한 원인 파악. 문제가 없는 경우에는 보고의 목적과 이유
- 피보고자 입장에서의 보고 목적(Needs와 Wants)
- 핵심 메시지(What)와 실행 방안(How)의 근거가 되는 목표

앞서 보고의 시작은 보고의 의도와 목적을 찾고(find the exact Aim) 피보고자의 Needs와 Wants를 충족시키는 것이라고 배웠다. 보고의 목적을 파악했다면 그 목적에 대한 문제 해결 실행 방안을 논리적으로 설명해야 한다. 그러기 위해선 배경 상황(Background)과 목적, 이유(Why)에 맞는 목표(What)와 그 실행 방안(How)을 만들고 실행 방안에 대한 예상되는 기대 효과(Effect)를 분석하면 된다.

B2WHEN : What – 보고에서 말하고 싶은 핵심 메시지가 뭐야?

보고서의 전체 내용을 한두 문장으로 표현할 수 있는 Key Message(핵심 메시지)이다. 보고의 목표를 나타내며 실행 방안(How)을 대표할 수 있는 결론이기도 하다. 한두 문장만으로도 보고의 핵심을 파악할 수 있어야 한다. 보고의 목적(Why)을 잘 찾았지만 핵심 메시지(What)를 잘 표현하지 못해서 의도와는 다르게 엉뚱한 보고서가 되는 경우가 종종 있다. 분명히 얘기하지만 핵심 메시지에는 목적(Why)과 실행 방안(How)을 아우르는 내용이 포함되어야 한다. 요즘에는 보고의 핵심만 간단히 전달하는 심플한 보고서가 선호되므로 핵심 메시지(What)를 잘 작성하는 것이 더욱 중요해지고 있다.

핵심 메시지를 한두 문장으로 쓰더라도 필요하다면 내용을 보충하는 서브 메시지를 작성한다. 상사가 원하는 것은 단순한 요약이 아닌 핵심과 간결함이라는 것을 잊지 말자.

B2WHEN : How – 그럼 방안이 뭐야?

보고의 목적(Why)을 근거로 핵심 메시지(Key Message)의 대안(How)을 제시해야 한다. 실행 방안 즉, 문제에 대한 해결 방안을 말하며 보고 전체의 분량으로만 보면 가장 많은 부분을 차지한다. 3SMART 중 3S의 Specific을 가장 잘해야 하는 부분이다.

회사 전체 또는 담당 부서에 이슈 발생 시 이미 그 이슈를 상사와 윗분들이 잘 알고 있다면 나머지 항목은 이미 정해져 있으므로 실행 방안(How)만 필요한 보고도 상당히 많다. 이럴 때는 실행 방안(How)을 통한 효과(Effect)를 상세히 보고하는 것이 중요하다.

문제 상황이 매우 중요하고 복잡할 경우 실행 방안에 따르는 조치나 요청 사항 등이 여러 가지일 경우가 있다. 아래처럼 구성 요소를 추가하여 작성하면 매우 정돈된 보고서를 만들 수 있다.

- **방안이 한 가지일 경우**

  방안 → 설명 / 근거 → 예시(자료)

- **방안이 여러 가지일 경우**

  ① 방안 → 설명 / 근거 → 예시(자료)
  ② 방안 → 설명 / 근거 → 예시(자료)
  ③ 방안 → 설명 / 근거 → 예시(자료)

B2WHEN : Effect – 우리가 얻는 결과는 뭐야?

회사의 모든 행위에는 비용이 따른다. 특히 문제 해결을 위한 실행 또한 마찬가지다. 이때 회사에서는 실행 방안을 검토할 때 예상되는 인적, 물적 비용 대비 얼마나 효율이 발생하는지 파악한다. 특히 조직의 상위 결정권자가 결정하는 비용이 큰 문제일수록 더욱 그렇다.

그렇기 때문에 효과(Effect)는 가능한 한 수치로 보여주는 것이 좋다. 물론 수치화할 수 없는 효과도 많다. 예를 들어 인사팀에서 직원들을 위한 운동 시설을 만들기 위해 제안 보고서를 작성한다고 생각해보자. 이런 제안 보고서의 효과 항목에는 구체적인 수치를 넣기가 어렵다. 그보다는 정성적인 기대 효과가 쓰였을 것이다. 이런 경우에는 논리적으로 이해될 만한 효과를 작성하면 된다.

B2WHEN : Notice(Remark / Appendix)
– 꼭 알아야 할 특이 사항이 있어?

마지막 6단계인 알림 사항(Notice)에는 보고서 내용 중 상사가 반드시 알아야 할 특이 사항(Remark)이나 참조(Appendix)가 들어간다. 보고서를 이메일로 작성할 경우에는 첨부(Attachment)를 사용하지만 의미에 큰 차이가 없으므로, 편의상 Appendix를 통합된 의미로 사용하겠다.

먼저 특이 사항(Remark)을 알아보자. 보고서를 검토하는 상사는 보고서에서 제시하는 다음 계획(Next Plan)을 매우 궁금해한다. 그렇기에 상사가 궁금해하는 부분을 꼼꼼하게 작성하는 것이 중요하다. 자칫 깜빡하고 전달하지 않는 내용, 상사가 매우 궁금해할 후속 조치, 타 부서와의 협의 내용 등 보고 상황의 거시적, 미시적 세부 사항을 빠짐없이 알고 있어야 하기 때문이다.

Appendix는 첨부(붙임), 별첨, 부록, 참조 등을 의미한다. 보고서를 심플하게 써야 할 때 가장 중요한 항목이기도 하다. 보고서를 최대한 간결하게 써야 한다면, 보고서에는 필수 내용만 들어가야 하고 필수 내용에 대한 부연 설명과 그 설명에 필요한 예시 등의 자료는 모두 참조(Appendix)에 넣으면 된다. 그뿐만 아니라 실행 방안(How)에 대한 견적, 시안, 계약서, 이전 결재 품의서, 보고서, 참고 내용·이메일 등도 포함된다.

아마존의 제프 베이조스 회장에게 전달되는 최종 보고서의 내용은 5줄을 넘지 않는다고 한다. 보고 내용은 아마 핵심만 적혀 있을 것이다. 물론 그에게 전달하기까지의 보고 내용은 팀, 부서, 사업부, 임원, 사장 등 많은 검증 단계를 거쳐 올라간 중요 사항일 것이다. 아무리 그래도 5줄로 전 세계 최고 기업의 중요 사항에 대한 의사결정을 잘 할 수 있을까? 핵심(What)을 뒷받침하는 내용을 참조(Appendix)에 넣으면 가능하다. 이해되지 않거나 궁금하거나 의사결정이 모호한 부분이 있다면 Appendix 내용을 참고하면 되기 때문이다.

여기까지 B2WHEN 보고의 6단계를 알아봤다. 이제 실전만 남았다. 지금까지 배운 것을 어떻게 업무에 적용할지 이어지는 내용에서 알아보자. 아래 표는 B2WHEN의 구성 요소이다. 숙지하고 있다가 보고의 종류와 목적에 맞게 구성 요소를 선택해서 사용하면 된다.

1. Background	개요 / 배경 / 상황(현황) / 문제
2. Why	보고 목적 / 보고 의도 / 보고 이유 / 문제에 대한 원인
3. What	핵심 메시지(키 포인트) / 결론(핵심 내용)
4. How	제안 / 방안 / 필요 혹은 조치 사항 / 일정, 진행 계획+예산 포함
5. Effect	기대 효과(정량적+정성적) / 영향(반응) / 예상 결과(성과)

6. Notice	알림 사항(필수 항목 아님. 불필요 시 삭제 가능)
+ Remark	기타 특이(참고) 사항 / 필수 보고 사항 / 요청 사항 / 협의 사항(관련 부서) + 다음 계획(Next plan) / 강조 사항(상사 or 부서가 반드시 숙지할 내용)
+ Appendix	관련 참고 내용 파일 첨부(붙임) / 별첨 / 부록 / 참조

B2WHEN
실무 활용 사례

실제 회사에서 일어나고 있는 보고 지시를 통해 B2WHEN을 어떻게 활용하는지 알아보자.

 명동, 신사, 신논현의 주요 매장 매출이 작년보다 떨어지고 있는데, 매출 향상을 위해 어떻게 해야 할까요?

기업은 규모가 크든 작든 매출이 최우선이다. 그러나 회사라는 곳은 매출이 오를 수도 있고, 떨어질 수도 있다. 위와 같은 상황은 매출이 목표보다 떨어질 때 발생할 수 있는 매우 중요하고 일반적인 지시 중 하나이다. 매출이 떨어졌을 때는 어느 기업을 막론하고 이런 보고가 일어난다는 말이다. 그러나 막상 위와 같은 지시를 받으면 어디서 어떻게 보고를 시작해야 할지 어렵다.

이때 제일 먼저 B2WHEN을 통해 기본적인 보고의 틀(형식)을 구성하고, 보고의 기본 특성인 3SMART로 완성도 높은 보고를 만들 수 있다. B2WHEN을 활용한 실전 보고서 작성 예시를 살펴보자.

주요 매장 매출 하락 대응 방안

영업관리(2024. 09. 20)

1. 배경(Background)	**개요 / 배경 / 상황(현황) / 문제**

   1) 주요 상권 매장들의 매출 현황을 파악하고, 매출 하락 매장을 파악한 뒤 그에 대한
      대책을 마련
   2) 매출 비교 자료(전년 대비, 경쟁사 대비, 타 매장 대비)

2. 이유(Why)	**보고 목적 / 보고 의도 / 보고 이유 / 문제에 대한 원인**

   1) 주요 매장의 개별 매출이 하락한 원인 파악(전년 대비, 경쟁사 대비, 타 매장 대비)
   2) 원인 파악을 토대로 매출 향상을 위한 방안 찾기

3. 핵심 내용(What)	**핵심 메시지 / 결론**

   → 실행 방안을 통한 모객 및 매출 향상(+30%)

4. 실행 방안(How)	**제안 / 방안 / 필요 또는 조치 사항 / 일정, 진행 계획 + 예산 포함**

   1) 방안1 + 근거 + 예시 + 예상 비용(견적)
   2) 방안2 + 근거 + 예시 + 예상 비용(견적)
   3) 방안3 + 근거 + 예시 + 예상 비용(견적)
      → 총 예상 비용(견적)

5. 효과(Effect)	**기대 효과 / 영향(반응) / 예상 결과(성과)**

   1) 실행 방안 진행 시 예상되는 정량적 기대 효과(그래프 또는 표 등 도식화 자료)
   2) 실행 방안 진행 시 예상되는 정성적 기대 효과

6. 알림 사항(Notice)	**필수 알림 사항**
+ 특이 사항(Remark)	**기타 특이(참고) 사항 / 필수 보고 사항 / 요청 사항 / 협의 사항(관련 부서) / 다음 계획(Next Plan)**

   → 팀, 부서 또는 피보고자가 반드시 숙지해야 하는 사항
   → 피보고자 또는 관련 부서 요청 / 협의 사항
   → 실행 방안에 대한 일정 / 스케줄(Next Plan)

+ 첨부 / 부록(Appendix)	**관련 참고 내용 파일 첨부 / 별첨**

위 보고와 같이 실행 방안(How)에 비용이 발생할 경우 그 예산을 반드시 포함해야 한다. 방안1, 2, 3에 대한 가예산은 실행 방안(How) 항목으로 작성하거나, 마지막에 한꺼번에 작성해도 된다. 그에 대한 세부 견적은 첨부(Appendix)에 추가하면 된다.

사실 이 보고의 목적을 찾기는 크게 어렵지 않다. 매출 하락이라는 명확한 이유(Why)가 있기 때문이다. 실행 방안(How)에 대한 내용만 명확히 제안하면 된다. B2WHEN의 공식에 대입하고 보고서를 전달할 때는 각 항목에 맞는 적절한 구성 항목으로만 변경하면 쉽게 보고서를 쓸 수 있을 것이다.

문제-원인-제안을 통한 보고 목적 찾기 + B2WHEN 적용

이번에는 '문제-원인-제안'을 통한 보고 목적을 찾는 연습을 해보겠다. 앞에서 정의한 다양한 종류의 [문제]가 발생했을 경우 빠르게 [문제]에 대한 '원인-제안'을 찾고 B2WHEN을 활용해 보고서를 만들 수 있다. 처음에는 '굳이 이렇게 해야 돼? 너무 번거로운데?'라고 생각할 수 있다. 그러나 계속 반복하다 보면 전혀 복잡하지 않고, 이렇게 큰 틀을 잡아놓고 보고서를 작성하는 게 더 효율적임을 느낄 것이다. 또한 '문제-원인' 파악을 통해 보고의 목적(Why)을 쉽게 찾는다면 우리는 제안(What, How)에 좀 더 많은 시간을 집중할 수 있고 피보고자가 원하는 목적의 보고를 할 수 있다. 다른 보고 상황을 알아보기 전에 지금까지 배운 것을 한 번 정리해보겠다.

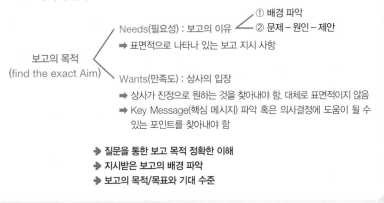

▶ 보고는 이렇게 하라 : 3SMART

▶ 보고의 목적 찾기

보고의 목적
(find the exact Aim)

Needs(필요성) : 보고의 이유 ─── ① 배경 파악
─── ② 문제 – 원인 – 제안
➡ 표면적으로 나타나 있는 보고 지시 사항

Wants(만족도) : 상사의 입장
➡ 상사가 진정으로 원하는 것을 찾아내야 함. 대체로 표면적이지 않음
➡ Key Message(핵심 메시지) 파악 혹은 의사결정에 도움이 될 수
있는 포인트를 찾아내야 함

➜ **질문을 통한 보고 목적 정확한 이해**
➜ **지시받은 보고의 배경 파악**
➜ **보고의 목적/목표와 기대 수준**

그럼 다시 다음 보고 상황에 '문제–원인–제안'을 B2WHEN에 적용해보
자. 최근 모 회사 감사팀 팀장은 김 대리에게 이런 지시를 내렸다.

김 대리님, 최근 재택 근무 시행으로 근무 태만자들이 생기는
거 같은데, 좀 알아봐줄래요?

한 번에 보고의 목적(의도)을 찾았으면 바로 B2WHEN을 활용한 보고서
작성을 시작하면 된다. 그러나 정확하게 상사의 지시 사항이 파악되지 않는다
면 지시 목적이 명확해질 때까지 즉시 물어봐야 한다. 보고 지시를 받은 후 자
리에 돌아와 보고서 작성을 시작하려는데 보고 목적이 명확하게 파악되지 않는
다면 '문제–원인–제안'을 통해 보고 목적을 찾아야 한다.

문제	재택 근무 시행으로 근무 태만자들 발생 예상(확인 필요)
원인	재택 근무로 인한 근무 태만자들의 관리 어려움
제안	재택 근무 시에도 근무 태만 방지 제도, 프로그램 제안

→ 지시 목적 : 재택 근무 시행으로 인한 근무 태만자 발생 현황을 확인하고, 근무 태만 발생 방지 등의 대책과 그 효과를 알고 싶다.

머리에서만 두루뭉술하게 떠올랐던 보고 목적은 '문제-원인-제안'을 통해 쉽게 찾을 수 있다. 위 항목은 나중에 보고서 작성에 필요한 항목이 된다.

보고의 목적을 찾았으니 B2WHEN을 활용해 보고서를 완성해보자. 여러분이 보고 받은 상황이라고 가정하고 실행 방안을 대략적으로 작성해보길 바란다.

┃실전 보고서 예시┃

재택 근무로 인한 근무 태만자 파악 및 대응 방안

감사팀(2024. 08. 10)

1. 배경(Background)	현황
1) 재택 근무 시행 현황과 이로 인한 근무 태만자 현황 파악 2) 개인별, 부서별 재택 근무 시 컴퓨터 사용 시간 자료(vs 코로나 이전 개인별, 부서별 평균)를 통한 실태 확인	

2. 이유(Why)	목적
1) 근무 태만자 발생 시 조직 분위기 및 상대적 박탈감 등 악영향 2) 근무 태만자 확인 시 이에 대한 처벌(회사 내규)과 재발 방지 제도 또는 프로그램 제안을 통한 악영향 차단	

3. 핵심 내용(What)	결론

→ PC 모니터링을 통한 근무 태만자 방지 및 온라인 접속 점검 시스템을 통한 재택 근무 시행 확대 지속 가능

4. 실행 방안(How)	제안 / 방안 / 필요 또는 조치 사항 / 일정, 진행 계획 + 예산 포함

1) 방안1 + 근거 + 예시 + 예상 비용(견적)
2) 방안2 + 근거 + 예시 + 예상 비용(견적)
   → 방안1, 2 프로그램 개발 일정 및 전사 시스템 홍보, 설치 일정
   → 총 예상 비용(견적)

5. 효과(Effect)	기대 효과 / 영향(반응) / 예상 결과(성과)

1) How 진행 시 예상되는 정량적 기대 효과(컴퓨터 사용 시간)
2) How 진행 시 예상되는 정성적 기대 효과

6. 알림 사항(Notice)	필수 알림 사항
+ 특이사항(Remark)	기타 특이(참고) 사항

→ 특정 기간(1개월 또는 3개월) 이후 해당 근무 태만자 재택 근무 시 컴퓨터 사용 시 간 비교 자료 보고 예정
→ 근무 태만자의 팀장, 부서장과 해당 내용 매뉴얼 및 일정 확인
→ 프로그램 개발팀과 미팅 일정 확인

도입부의 이유(Why)는 이미 피보고자의 지시에서 알 수 있듯 보고의 목적과 문제의 원인이 명확하기에 삭제해도 무방하다. 도입부의 배경(Background)과 이유(Why)는 보고를 받는 사람이 문제의 배경과 목적, 원인을 알고 있는 경우는 삭제할 수 있으며, 반대의 경우는 반드시 포함해야 한다.

김 대리님, 최근 재택 근무 시행으로 근무 태만자들이 생기는 거 같은데, 좀 알아봐줄래요?

- 보고 지시에 나타난 표면적 지시 사항 = 피보고자의 Needs(필요성)
  = '문제-원인-제안'으로 파악
- 보고 지시에 나타나 있지 않음 = 피보고자가 보고 지시를 통해 원하
  는 것 Wants(만족도) = 지시의 배경, 피보고자의 입장, 피보고자의
  기대 수준을 통해 파악

조금씩 감이 오고 있을 것이다. 피보고자가 원하는 보고서 즉, '잘 쓴 보고서'는 보고 지시 사항(Needs)뿐만 아니라 보고서를 통해 궁극적으로 원하는 것(Wants)이 함께 포함된 보고를 의미한다. 아래 예시를 통해 한 번 더 확인해 보자.

김 대리님, 코로나가 끝나고 본사의 중요 전달 사항이 있어서 우리 거래처 대표님들과 브랜드 데이 행사를 다음 달에 하잖아요. 그런데 아직 코로나 발생률이 높아 좀 걱정되지 않나요? 다음 주에 행사 진행 관련해 대행사랑 미팅하는데 확인 사항 좀 내일까지 알려주세요.

여기서 [문제]는 무엇일까? 사실 문제는 없다. 아니, 아직 없다. 그러나 발생 가능성이 있기 때문에 [문제]의 다양한 정의 중 '발생 가능 상황'을 적용해야 한다. 여기서 '발생 가능 상황'이 [문제]가 되는 것이다. 이에 대한 원인과 제안은 다음과 같이 간단히 정리할 수 있다.

문제	코로나19 종료 직후 행사 진행 시 발생 가능한 상황들
원인	코로나19 확진자 발생 지속 상황에 대한 명확한 대책 없음

제안	• 미팅 시 사전 발생 가능 문제 사항 확인 필요
	• 사전 참석자 감염 여부 확인
	• 행사 당일 사전 참석자 건강 상태 확인 및 안내문 발송(모바일)
	• 행사 출입 시 모든 참석자 자기진단 키트 및 체온 측정
	• 행사 당일 자가진단 키트 양성 확인 시 대응 프로세스

이번 보고에서도 [문제]는 어렵지 않게 찾을 수 있다. 행사 진행으로 인한 확진자 발생 가능성을 우려하여 대책을 보고하라고 지시하였다. 대부분의 보고는 [문제]가 명확히 드러나 있거나 그 [문제]를 지시하는 사람이 명확히 알려주기도 한다. 보고 목적 찾기를 연습해보고 보고 목적 찾기가 수월해지면 우리는 보고의 핵심인 핵심 내용(What)과 실행 방안(How)에 집중하면 된다.

간혹 상사가 지시한 사항이 모호하거나 여러 가지로 해석할 수 있는 경우가 있다. 앞의 지시에서도 "그런데 아직 코로나 발생률이 높아 좀 걱정되지 않나요? 다음 주에 행사 진행 관련해 대행사랑 미팅하는데 확인 사항 좀 내일까지 알려주세요." 이 부분이 코로나19로 인해 발생 가능한 일들에 대한 확인 사항만을 보고하라는 것인지, 아니면 추가로 코로나19 문제를 포함한 행사 진행에 발생 우려가 있는 모든 우려 사항을 대비하는 보고를 하라는 것인지 헷갈려 하는 보고자도 있을 수 있다. 당연하다. 그의 머릿속에 들어가 보지 않았기에 헷갈리는 건 당연하다. 그럼 이때 이미 쉽게 헷갈리는 부분을 해결하는 방법을 알려주었다. 간단히 한 마디만 물어보면 된다. "팀장님, 보고 요청하신 것이 코로나 발생을 위한 대비책인지, 코로나를 포함한 행사 진행 전반의 발생 가능한 문제에 대한 대비책인지요?" 이런 식으로 물어보면 간단히 해결된다. 모호한 보고 지시를 받고도 자리로 와서 고민하지 말고, 그 자리에서 명확할 때까지 물어봐라. 보고서 작성을 하다가도 명확하지 않으면 당장 피보고자에게 달려가라. 질문 한 마디에 답이 있다.

B2WHEN의 확장성 : 어떻게 활용할까?

지금까지 보고의 6단계, B2WHEN을 알아보았다. 그러나 다양한 상황에서 B2WHEN을 활용하려면 각 항목의 확장성을 알고 있어야 한다. 각 항목의 한 가지 의미만 고집한다면 다양한 상황과 보고의 종류에 활용하기 어렵다.

다음 표에 정리한 B2WHEN의 확장된 내용을 숙지하고, 이어지는 4장부터 다양한 보고 유형에 B2WHEN을 활용하는 방법을 본격적으로 알아보겠다.

1. Background	**개요 / 배경 / 상황(현황) / 문제** • '문제 : 사건, 이슈, 상황, 갈등, 불만, 요청, 필요 개선, 잠재적 문제, 목표 대비 현 상황, 예상 가능 상황 등 보고의 배경'에 대한 설명 • 문제를 전혀 알지 못하는 사람도 육하원칙에 따른 배경 설명을 통해 문제를 파악할 수 있어야 함 • 피보고자가 배경 상황을 확실히 알고 있다면 삭제 또는 '2. Why' 부분과 통합 가능
2. Why	**보고 목적 / 보고 의도 / 보고 이유 / 문제에 대한 원인** • 문제 원인을 통한 보고의 목적과 의도, 이유를 명확히 찾아야 함 • 피보고자가 이유를 확실히 알고 있다면 삭제 또는 '1. Background'와 통합 가능
3. What	**핵심 메시지 / 결론(핵심 내용)** • 핵심 메시지를 통해 이 보고서가 말하고자 하는 것을 표현. 이 보고에서 가장 중요한 것을 말함 • 간단히 요청한 보고, 예를 들어 매출 확인, 상황 파악, 진행 현황 확인 등은 볼드나 음영 처리 또는 표가 있을 경우 중요 포인트에 굵은 선 표시, 체크 표시 등으로 하이라이트를 표현
4. How	**조치 방안** • 본론에 해당. '1. Background', '2. Why'에 대한 구체적 내용에 해당하며, '3. What'을 위한 실행 방안 • 근거와 예시, 다양한 보고 스킬(6장에서 자세히 설명) 등을 통해 제안 내용에 대한 논리적 이해를 돕고, 이해를 바탕으로 상사의 의사결정에 도움을 주는 것이 매우 중요 • 상황에 적합한 대안과 아이디어를 통한 문제 해결 능력이 필요함

5. Effect	기대 효과(정량적 + 정성적) / 영향(반응) / 예상 결과(성과) • 가능한 부분은 최대한 숫자로 표현 • 가급적 모호한 표현은 배제하고, 디테일한 표현을 통한 진행 시 명확한 　효과 파악이 중요(정량적 + 정성적)
6. Notice	필수 알림 사항(필수 항목 아님. 불필요 시 삭제 가능)
+ Remark	• 후속 대책에 대한 계획이 있을 경우 해당 내용을 추가하면 보고서의 구 　성이 탄탄해짐 • 팀, 부서 또는 피보고자가 반드시 알아야 하는 내용, 차후 이슈가 될 수 　있는 내용 등을 포함 • 타 부서와 협의가 필요한 사항 또는 상사의 도움을 통해 해결이 필요한 　내용들을 반드시 작성
+ Appendix	• 보고서의 일부, 본문의 내용과 연결된 '3. What', '4. How'를 뒷받침할 　수 있는 데이터 자료 또는 이해를 돕는 자료(표, 차트, 통계, 시안, 부가 　정보 등)를 포함 • 보고 관련 첨부 파일(이메일 보고 시) • 비용 발생 시 그 비용의 세부 내역(견적)

Reporting Revolution

4장

보고 유형별
보고 공식 활용법

보고 공식 실전에 적용하기

━━━━━━━━━━━━━━━━━━━━━━━━━━━━●

3장에서 B2WHEN을 통한 보고서 구성 요소를 알아보았다. 이제 보고서를 작성할 자신감이 어느 정도 생겼으리라 생각된다. 그러나 당장 회사에서 모든 보고 지시에 적용하기에는 어려움이 있다. 보고의 종류와 성격에 따라 구성 항목이 달라지기 때문이다. 4장에서는 회사에서 쓰이는 보고 항목을 크게 6가지로 구분하였다. 각 보고서의 특징과 구성 항목을 어떻게 변환해서 사용하는지 알아보자.

보고 유형별 6가지 보고 공식 활용법을 순서에 따라 효과적으로 익혀보자. 먼저 ① find the exact Aim에서 정확한 목적을 찾아보고, ② 중요 작성 포인트를 확인할 것이다. ③ B2WHEN 활용을 통해 어떤 구성 항목으로 보고서를 작성할 것인지 확인하고, ④ 참고 포인트에서 보고서 작성에 도움이 되는 내용을 알아볼 것이다. 마지막으로 '실전 보고 지시'에 따라 작성된 '실전 보고서 예시'까지 살펴보겠다. 6가지 보고 유형별 작성 방법의 차이를 확인하면서 차근차근 따라온다면 어떠한 보고 상황에서도 적용할 수 있는 보고 공식을 완벽하게 익힐 수 있을 것이다.

상황/문제 파악 보고서

처음으로 살펴볼 보고서는 상황/문제 파악 보고서다. 아래와 같이 [문제]의 다양한 정의 중 하나가 발생한 것이다.

우리 팀 신상품 도입률이 다른 팀에 비해 매우 떨어지고 있다는데 확인 좀 해주세요.

갑자기 사내 공유 시스템이 안 된다고 합니다. 빨리 확인 좀 해주세요.

N사가 홈페이지 UI를 변경했네요. ○○서비스를 시작했다고 하는데 파악해주세요.

택배사 파업으로 일부 지역 배송이 어렵다고 합니다. 확인 후 대응책 보고해주세요.

상황/문제 파악 보고서는 [문제] 발생으로 인해 그에 대한 상황을 보고할 때 쓰이는 보고서로, 가장 일반적인 보고서이다. [문제]에 대해서 빠르게 상황을 파악하고 그 [문제]에 대해 어떠한 조치가 필요한지 명확히 전달해야 한다.

① find the exact Aim

피보고자는 이미 발생한 [문제]에 대해 인지하고 있음 → [문제]에 대한 '왜?'를 파악해야 함(주요 원인) → 정확한 문제 상황과 원인 파악 후 이에 대한 대책이 핵심 → 보고 시 [문제]의 상황 파악에 대한 다양한 예상 질문을 사전에 파악할 것

② 중요 작성 포인트

- [문제] 원인이 우리 부서 또는 내부에 있는 경우
  - → [문제] 원인 파악이 명확해야 결론(What), 방안(How)의 대응 방안을 찾을 수 있음
  - ✔ [문제] 원인 파악이 우선

- [문제]의 원인이 타 부서 또는 외부에 있는 경우
  - → [문제] 원인 파악보다 현황 파악을 통한 결론(What), 방안(How)의 대응 방안이 더 중요
  - ✔ 담당 부서의 조치 사항이 우선

③ B2WHEN 활용

● **구성 항목 : B2WHEN**

1. Background	[문제] 상황	
2. Why	[문제]에 대한 원인 / 이유	**불필요시 삭제**
3. What	[문제] 해결에 대한 핵심 메시지(키 포인트)	
4. How	[문제] 해결을 위한 방안	
5. Effect	방안(How) 진행 시 예상 결과 / 효과	
6. Notice		
+ Remark	방안(How) 진행을 위한 계획 및 필요·요청 사항 / 기타 특이 사항	
+ Appendix	관련 참고 내용 파일 첨부 / 별첨	

④ 참고 포인트

[문제]는 명확히 있지만 [문제]에 대한 [원인]을 찾아서 해결을 위한 보고
서가 필요하지 않은 경우도 있음. '중요 작성 포인트'에서 이야기한 것처
럼 [문제]와 직접적인 관련이 없는 팀이라면 [원인]보다 결론(What), 대
안(How)의 문제 해결 방안이 더 중요함.

위 '참고 포인트'에서 간단히 설명한 내용을 실제 발생했던 사례로 자세히
알아보겠다.

"오늘 점심 장사 망쳤네"…KT 먹통에 자영업자 등 피해 속출

○○○○ ○○○ 기자
입력 XXXX-XX-XX 14:10 업데이트 XXXX-XX-XX 16:13

▲ "오늘 점심 장사 망쳤네"…KT 먹통에 자영업자 등 피해 속출[1]

기억하는 사람도 있을 것이다. 2021년 10월 25일 11시 20분경 KT 유무선 통신망이 전국적으로 통신 장애를 일으키는 사건이 있었다. 이로 인해 KT 유무선(인터넷, 휴대폰) 가입자들은 서비스를 이용하지 못하였고, 해당 통신망을 이용하는 식당, 편의점, 병원, 온라인 사이트 등 모든 이용자가 불편을 겪는 일이 일어났다.

이때 다음과 같이 각각 다른 팀의 팀장이 동일한 상황/문제 파악 보고 지시를 내렸을 때, 보고의 목적을 한번 찾아보자.

지금 우리 통신망이 장애를 일으키고 있으니 최대한 빨리 상황을 파악해서 보고해주세요.

- 보고 목적

  - **KT CS팀** : 통신망 장애로 인한 다수의 고객 클레임 발생 예상
    → 이에 따른 대응 매뉴얼 및 공지사항 대책 마련
  - **KT 통신망 복구팀** : 통신망 장애의 근본적 원인 분석
    → 이를 통한 복구 방안 또는 대안 제시
  - **KT 가맹점 보상팀** : 통신망 장애로 인한 금전적 피해 파악
    → 피해에 대한 보상 대책안 마련

3개 팀에 동일한 상황/문제 파악 보고 지시가 내려졌다. 그러나 보고의 목적은 팀마다 다르다. 당연히 팀마다 맡고 있는 업무가 다르기 때문이다. 그렇기 때문에 동일한 [문제]라 하여도 보고의 목적이 다르다.

조금 이해가 되었는가? 통신망 복구팀은 반드시 그 원인을 찾아서 해결해야 하는 게 해당 팀의 업무지만, CS팀과 보상팀은 '참고 포인트'에서 이야기한 대로 같은 [문제]가 발생하였음에도 [원인]이 중요하기보다 팀이 맡고 있는 업무에서 결론(What), 방안(How)의 문제 해결 방안이 더 중요하다.

조금 복잡하게 느낄 수 있지만 아래와 같이 기준을 정하고 보고의 목적을 찾는다면 전혀 복잡하게 느끼지 않을 것이다.

- 보고의 목적이 [문제] 해결을 위한 보고인지?
  → 반드시 [원인] 파악 필요
- [문제] 발생으로 인해 우리 팀(또는 부서)에 영향을 미치는 일이 있는지?
  → [원인] 파악보다는 [문제]로 인해 우리 팀에 미친 이슈 해결에 집중

상황/문제 파악 보고서 작성 시 '내가 CS 또는 보상팀 소속으로 앞 사례와 같이 [문제]의 원인을 당장 알 수 없는 경우'는 어떻게 해야 할까?

- [문제] 원인을 파악하지 못했기 때문에 현재 상황(Background)만 우선 보고 → 지금 피보고자가 알고 싶은 것은 우리 부서의 [문제]에 대한 상황과 현황 파악을 통한 결론(What), 방안(How)의 문제 해결 방안 → 구체적인 원인 파악 완료 시 추가 보고 진행 구두 전달

우선 현재 상황에 대한 보고를 먼저하고 그 후 '구체적인 원인 파악 완료 시

추가 보고를 진행한다'고 구두로 전달하면 된다. 앞의 예시처럼 문제의 원인과 직접적인 관련이 없는 부서라도 상사에게 그 이유를 보고하는 것은 필수이다. 상사도 궁금해하고, 상사의 윗분도 물어볼 수 있기 때문이다.

많은 회사에서 [문제]가 발생되고, 이에 대해 상사들은 상황/문제 파악 보고서를 요구하고 있다. 이때 대다수 보고자들은 [문제] 발생으로 인한 현재 상황과 현황만을 보고하는 데 그친다. 그러나 상사는 [문제] 발생으로 인해 우리팀/부서의 일에 어떤 영향이 있는지 파악하고 싶어 한다. 그 내용이 파악되어야만 어떠한 조치가 필요한지, 그 조치를 어떻게 취해야 할지를 결정하는 단계로 넘어가기 때문이다.

실전에 적용하기

그럼 본격적으로 실전 보고 지시에 따른 '실전 보고서 예시'를 통해 상황/문제 파악 보고서를 작성하는 방법을 구체적으로 알아보자.

> 택배사 파업으로 일부 지역 배송이 어렵다는데 확인 후 대응책 좀 보고해주세요.

실전 보고서 예시

택배사 파업에 따른 배송 불가 현황 파악의 건(06. 01~현재)

운영관리팀(2024. 06. 05)

1. 현황(Background)

　1) 택배사 파업으로 인한 지방 일부 지역(경상, 충청) 택배 발송 불가

- 택배 불가 기간 : 2024. 06. 01 09:00~현재
- 택배 불가 기간 미발송 택배 : 총 5,400개

2) 미발송 택배 조치 사항 : 물류에서 타 택배사 이용 개별 발송 중

2. 원인(Why)

1) ○○택배(계약사)의 처우 개선을 위한 파업으로 배송 거부
2) 현재 노조 협의 중. 협상 완료 시 파업 철회 후 배송 진행 예정

3. 결론(What)

→ 빠른 택배사 변경(파업 기간 한정)으로 인한 피해 최소화 및 늦은 배송 고객 보상안 확정

4. 조치 방안(How)

▶ 택배사 변경 관련

1) A택배사 임시 계약
- 장점 : 단기 계약 가능 / 지방 전문 택배사
- 단점 : 택배 단가 1,800원 / 배송 기간은 1~2일 더 걸림
2) B택배사 임시 계약
- 장점 : 택배 단가 1,500원 / 배송 기간 1일(국내 택배사 중 가장 빠름)
- 단점 : 월간 계약(택배 파업 기간이 끝나도 계약 기간 채워야 함)
3) A, B택배사 이용 시 이용 금액 확인

(단위 : 원)

수량(개)	A택배사 단가 1,800원	B택배사 단가 1,500원	차이(A vs B) 단가 차이 300원
5,000	9,000,000	7,500,000	1,500,000
6,000	10,800,000	9,000,000	1,800,000
7,500	12,600,000	10,500,000	2,100,000

▶ 배송 늦은 고객 처우 보상안

1) 모바일을 통한 개별 사과문 발송 및 10% 할인 쿠폰 증정
2) 차후 제품 구매 시 사은품 증정(중복 증정 불가 / 1회 구매 1개 한정)
→ 총 예상 비용 : 17,000,000원(가견적)

5. 기대 효과(Effect)

1) 택배 관련
① 빠른 택배사 변경을 통한 늦은 배송 최소화
② 지속 파업 대비 택배 단가보다는 배송 기간을 맞출 수 있는 택배사 이용
→ 고객 클레임 최소화

2) 배송 늦은 고객 처우 보상안
  ① 처우 보상을 통한 브랜드 충성도 유지
  ② 차후 구매 시까지 고려하여 추가 구매 유도

6. 기타 참고 사항 / 타 부서 협의 요청 내용(Notice-Remark)

1) 구매팀과 내용 공유 후 법무팀과 택배사와 계약 내용 협의 완료(~06. 03)
2) 마케팅팀, 온라인팀과 처우 보상안에 대한 시스템 구축과 시안 요청 완료(~06. 04)

7. 별첨(Notice-Appendix)

→ 사은품 시안 첨부 / 견적서 첨부
→ 택배사 계약서 첨부

이 보고서에서 상사가 제일 궁금해 할 것은 무엇일까? 정확한 상황 파악을 통한 핵심 내용(What)과 실행 방안(How)일 것이다. 상사가 이미 배경 상황(Background)과 이유(Why)를 명확히 알고 있다면 해당 항목을 생략하거나 배경 상황과 이유를 하나로 쓰는 방법도 추천한다. 다만 앞의 실전 보고 지시 사례는 상사가 문제 상황을 파악하기 위한 보고서이기도 하므로 가급적 상황 파악에 필요한 내용을 포함해서 구성하면 된다.

검토/의견
보고서

검토/의견 보고서는 [문제] 발생은 이미 알고 있고, [문제]에 대한 결과 또는 의견을 전달하는 보고서이다.

 삼성점에서 발생한 고객 클레임을 어떻게 처리하는 게 좋을 거 같아요?

 이번 소프트웨어 개발 프로젝트는 어느 것으로 하는 게 좋나요?

 다음 달에 오픈하는 용산 매장 이벤트 시안 검토 좀 부탁해요.

즉, [문제]에 대한 상황을 피보고자가 이미 알고 있는 경우이기에, 배경 (Background)은 생략한다. 혹시 해당 [문제]가 보고 시점 이후 변경 사항이 있는 경우 배경 상황(Background)을 간략하게 적어주거나, 부록(Appendix)

에 과거 해당 자료를 첨부하기를 추천한다.

① find the exact Aim

[문제]에 대해 이미 피보고자는 알고 있음 → [문제]에 대한 배경 상황(Background) 생략 → [문제] 해결의 결론(What)을 원함 → 결론에 대한 근거(Why)가 명확해야 함

② 중요 작성 포인트

- 기존 B2WHEN → Why 순서, 역할 확인
  - ✔ 결론(What)에 대한 이유, 근거(Why)를 결론 다음에 작성
  - ✔ [문제]에 대한 결론과 그 결론에 대한 이유, 근거와 사례의 연관성이 매우 중요

③ B2WHEN 활용

● **구성 항목 :** 2WHEN

1. Background	삭제
2. What	[문제]에 대한 결론
3. Why	결론(What)의 이유, 근거, 사례
4. How	결론(What)에 대한 방안 – 근거 – 예시
5. Effect	방안(How) 진행 시 예상 결과 / 효과
6. Notice	
+ Remark	방안(How) 진행을 위한 계획 및 필요·요청 사항 / 기타 특이 사항
+ Appendix	관련 참고 내용 파일 첨부 / 별첨

④ 참고 포인트

결론(What)을 맨 앞에 배치하는 것이 중요함. 당연히 결론이 나왔으면 그에 대한 명확한 이유와 근거가 필요함. 또 결론을 뒷받침해줄 수 있는 사례가 있는 경우 이를 추가하면 '왜 이 결론이 나왔는지, 다른 안에 비해 왜 이 안이 제일 나은지'에 대한 논리적인 보고가 됨.

실전에 적용하기

 10월에 오픈하는 용산 매장 오픈 이벤트 시안 좀 검토해주세요.

실전 보고서 예시

용산 매장 오픈(10. 20) 이벤트 시안 검토 건

마케팅팀(2024. 08. 06)

1. 결론(What)

→ A안 진행

2. 이유 및 근거(Why)

시안	A안	B안	C안
견적	27,000,000원	15,000,000원	28,500,000원
기간	20일간	10일간	15일간
비고	타 매장 진행 시 성과가 좋았던 이벤트로 모객 증대를 통한 추가 매출 예상	이벤트 기간이 짧고, 작년과 스킴이 비슷해 이벤트 효과 저조	비용 과다로 비용 대비 효과 미미할 것 예상

→ A안이 B, C안에 비해 비용 대비 기간, 프로모션 다양성, 기대 효과 우의

3. 진행 계획(How)

1) A안 진행 계획
- 내용
  ① 매장 방문자 전원에게 미니축구 골대 슛 이벤트, 골 넣을 시 사은품(양말) 증정
  ② 매장 방문자 중 매장 사진을 인스타그램에 업로드 시 사은품 및 20% 할인 쿠폰 증정
  ③ SNS 또는 매장 방문자 전원 상시 10% 할인 쿠폰 증정
- 일정 : 2024. 10. 20～11. 10(20일간)
- 예산 견적 : 27,000,000원

2) B안 진행 계획
- 내용
  ① 매장에 숨겨진 Sale Key를 찾아라(매장 내 10곳에 숨겨진 Sale Key 찾기)
  ② 꽝 없는 스크래치 카드 증정. 10만 원당 1장 증정(사은품 또는 추가 할인 쿠폰)
- 일정 : 2024. 10. 20～11. 08(10일간)
- 예산 견적 : 15,000,000원

3) C안 진행 계획
- 내용
  ① 매장 방문자 전원에게 미니 축구공 사은품 증정(일 최대 500개)
  ② 매장 도우미를 통한 전 방문객에게 풍선 증정(일 최대 1,000개)
  ③ 인형 뽑기 기계를 이용한 매장 제품 뽑기 이벤트(신발, 의류, 용품 등 총 50개)
- 일정 : 2024. 10. 20～11. 03(15일간)
- 예산 견적 : 28,500,000원

4. 기대 효과(Effect)

1) 모객 극대화 : 프로모션을 통한 일 고객 100명 모객 확보(일 타깃)
2) 추가 매출 발생 : 할인 쿠폰 증정을 통한 추가 매출 발생
   (프로모션 기간 일 매출 타깃 1,200만 원)

5. 기타 참고 사항 / 타 부서 협의 요청 내용(Notice-Remark)

1) 이벤트 대행사와 최종 미팅 및 설치 일정 확인
2) 사전 해당 매장과 이벤트 설치에 대한 조율 필요
3) 해당 매장 점장에게 이벤트 진행에 대한 일정 및 내용 전달

6. 별첨(Notice-Appendix)

→ 해당 이벤트 시안 및 세부 예산 내역

앞의 보고서 예시처럼 여러 대안 중 1개의 대안으로 진행하기로 보고할 경우에는 나머지 대안보다 비교 우위가 되는 포인트를 표, 그래프 등 도식화를 통해 한눈에 알아볼 수 있게 표현하는 게 좋다. 또 수치 표현이 가능한 부분은 최대한 표현해야 한다.

제안/요청
보고서

제안/요청 보고서는 [문제]를 발견하여 현재보다 더 나은 상황으로의 변화, 또는 결과를 위해 제안, 요청하는 보고서이다.

- 아동 제품 매출 증대를 위한 사은품 개발 제안
- 업무 효율화 증대를 위한 부서별 업무 재분장 미팅 요청
- 신규 사원의 빠른 업무 적응을 위한 부서 교육 프로그램 제안
- 재택 근무 시 편리하게 회사 웹 서버에 접속할 수 있는 소프트웨어 개발 요청

보고의 여러 종류 중 지시에 의한 보고가 아닌 스스로 [문제]를 확인해 [문제] 해결을 위한 보고를 기획하는 형태이다. 7장에서 다룰 기획서와 보고 취지는 같지만 목적의 범위(크기)에서 조금 차이가 난다. 제안/요청 보고서는 다소 작은 [문제]에서 출발해 나를 포함한 팀과 부서, 담당 거래처(고객 또는 외주사)에 영향을 줄 수 있는 사안에 대한 보고이다. 반면, 기획서는 회사의 새로운 제

도 또는 업무 개선, 나아가 회사의 신사업이나 특정 목표 달성 등을 위한 기획 의도를 가지고 문서를 작성하는 것이다. 두 문서 모두 태생은 같지만 목적의 크기에 따라 구분된다.

예를 들어 부서 업무 파악을 위해 부서원들과 월 2회 랜덤 티 타임을 제안하는 것, 부서에 필요한 시스템 개발, 고객사를 위한 교육 프로그램 개발 등은 제안/요청 보고서에 해당한다. 그러나 사내 도서관 설치 제안, 영업 사원의 차량 지원 범위 확장, 회사 리더들의 정기적 회사 전략 공유 등을 제안하는 것은 기획서에 해당한다.

① find the exact Aim

[문제] 개선 또는 해결 시 그 효과 측정이 중요 → Before / After를 통한 보고의 당위성 확보가 필요함

② 중요 작성 포인트

- 문제의 중요성, 대중성, 파급성 확보 필요 → '일시적 현상'의 사안으로 중요도가 약한 문제인지(중요성), '나' 혼자 중요하다고 생각한 문제인지(대중성), '문제 해결'을 통해 팀, 부서, 거래처(고객)에 영향력이 있는 문제인지(파급성) 파악
  - ✔ 이 보고에서 [문제]는 나뿐만 아니라 여러 사람(대상자 다수)이 공감할 수 있어야 함. 너무 개인적이거나, 팀과 부서에 크게 중요하지 않고, 비용 대비 큰 효과를 거두기 힘든 제안이나 요청은 묵살될 수 있기 때문.
  - ✔ [문제] 발견 시 반드시 상사, 나아가 부서의 리더 입장에서 기대 효과(Effect)를 생각하고 보고해야 함.

③ B2WHEN 활용

● **구성 항목 : B2WHEN**

1. Background	[문제] 상황(개선 필요 내용)
2. Why	[문제] 원인 / 이유
3. What	[문제] 해결에 필요한 핵심 메시지(키 포인트)
4. How	[문제] 해결을 위한 방안
5. Effect	방안(How) 진행 시 예상 결과 / 효과 → Before / After 비교를 통한 근거 확보 중요
6. Notice	
+ Remark	방안(How) 진행을 위한 계획 및 필요·요청 사항 / 기타 특이 사항
+ Appendix	방안(How) 진행 의사결정을 위한 데이터, 관련 예시 등 관련 내용 파일 첨부 / 별첨

④ 참고 포인트

이 보고에서 상사가 제일 궁금해하는 것은 기대 효과(Effect)를 통해 이 제안이 지금 상황(Background)에 꼭 필요한 제안인지 여부와 제안/요청 대비 비용일 것임. 아무리 좋은 제안이라도 비용을 감당할 수 없다면 의미가 없기 때문임. 이는 기존에 없었던 [문제]에 대한 해결을 위해 추가 비용을 사용해야 하기 때문임. 해당 보고에서 이야기하는 당위성과 근거를 기대 효과(Effect)를 통해 확보하는 것이 중요 포인트임. 그래야만 보고 받는 상사도 그 보고 근거를 통해 진행 여부를 결정할 수 있음. 보고 받은 상사가 비용 사용에 대한 권한이 없을 경우, 그 위 상사에게 보고를 해야 하기 때문임.

실전에 적용하기

제안/요청 보고서는 스스로 제안 또는 요청을 하는 것으로, 상사의 업무 지시가 없다. 매출 증대를 위한 사은품 개발을 제안하는 실전 상황으로 제안/요청 보고서 작성법을 알아보자.

실전 보고서 예시

3분기 키즈 제품 매출 증대를 위한 사은품 개발 제안 건 (타깃 +15% vs 2023)

마케팅팀(2024. 05. 10)

1. 배경(Background)

키즈 제품 전년 대비 지속적인 매출 하락으로 인한 백화점 내 시장 점유율 감소
→ 전년 대비 동 기간(1~4월) 매출 : −25%
→ 메이저 백화점 3사 시장 점유율(1~4월) : −35%

2. 이유(Why)

1) 타 경쟁사 3곳에서 동 기간 사은품 행사 진행
2) 브랜드 로열티 이외 매출 상승을 위한 추가 소구 포인트 없음(마케팅 서포트 없음)

3. 핵심 내용(What)

→ 사은품 개발을 통한 구매 고객 대상 사은품 증정 프로모션 진행
→ 10만 원 단위 추가 사은품 증정을 통한 매출 극대화 및 타 브랜드와 경쟁력 확보

4. 실행 방안(How)

▶ 기간 : 2024. 07. 01~09. 30(3개월간)
1) 사은품 개발 품목 리스트 & 개발 이유
　①문구 세트 : 아이들의 반응 가장 좋음(설문 결과)
　②네임 택 : 아이들의 부모 반응 가장 좋음(설문 결과)
　③키링 : 경쟁사 N사, F사 현재 사은품
2) 프로모션 계획(가안)
　①10만 원 이상 구매 고객 한정 증정 택일. 10만 원 단위 추가 사은품 증정(동일 품목 가능)

② 소년, 소녀 가장 아이들 월 30명 가방, 사은품 무료 증정
3) 비용(견적서 첨부)
　① 사은품 개발 : 총 5,500만 원
　② 프로모션 진행 비용 : 700만 원
　→ 총 예상 비용 : 6,200만 원

5. 기대 효과(Effect)

1) 매출 상승 : 미지급 대비 +15% 상승 예상 / 예상 월 5,200만 원 → 6,000만 원
　* 참고 : 2023년 사은품 1개 증정 행사 시 +12% 매출 상승
2) 브랜드 이미지 제고 : ① 다양한 사은품 증정을 통한 경쟁사와 차별화
　　　　　　　　　　 ② 소년, 소녀 가장 어린이 격려 프로그램을 통한 브랜드 로
　　　　　　　　　　　 열티 제고

6. 참고 사항(Notice-Remark)

1) 구매팀과 내용 공유를 통한 일정 확인(~05. 27)
2) 사은품 확정 시 매장 배포 일정 및 시안 확인(~05. 22)
3) 소년, 소녀 가장 아이들 선정 기준 확인. 사회복지센터와 미팅 예정(06. 10)

7. 별첨(Notice-Appendix)

→ 사은품 시안 첨부
→ 사은품 및 프로모션 진행을 위한 견적서 첨부

제안/요청 보고서는 다른 보고와 다르게 장점이 있다. [문제]가 명확하다면 보고서를 통해 팀과 부서에 도움을 줄 수 있고, 더 나아가 나를 돋보이게 할 수 있는 특징을 가지고 있다. 제안한 보고서 자체만으로도 '팀, 부서에 신경을 많이 쓰는 직원'으로 긍정적인 평가를 받을 수 있을 것이다.

계획/실행
보고서

계획/실행 보고서는 [문제]에 대한 해결 방안(What, How) 진행이 확정된 상황에서, 그 방안에 대한 실행 계획을 보고하는 보고서이다. 이미 피보고자가 [문제]에 대해 배경 상황(Background)과 이유(Why)를 알고 있으므로 실행 계획에 대한 세부 계획에 중점을 두고 작성하면 된다.

- 자사 홈페이지 리뉴얼 런칭 프로모션 계획 공유 건
- 신규 사원의 조직 적응을 위한 멘토-멘티 프로그램 계획 보고 건
- Brand 부서 One Team을 위한 하반기 워크숍 계획 건
- 테트리스 2025 런칭을 위한 Beta Ver. 사전 출시 일정 보고 건

① find the exact Aim

이미 [문제]에 대한 목적 공유 → [문제]에 대한 계획/실행에 대한 사전 협의

완료 → 보고서 작성 전 상사와 비용(예산)에 대한 가이드라인 확인 필요

② 중요 작성 포인트

이미 알고 있는 방안에 대한 계획/실행 보고서 → 배경 상황(Background), 이유(Why) 삭제

③ B2WHEN 활용

● **구성 항목** : WHEN

1. Background	삭제	필요 시 통합
2. Why	삭제	
3. What	[문제] 해결에 필요한 핵심 메시지(키 포인트)	
4. How	[문제] 해결을 위한 계획의 전체 개요, 일정, 비용 등	
5. Effect	계획 진행 시 예상 효과(정량적 / 정성적 기대 효과)	
6. Notice		
+ Remark	방안(How) 진행을 위한 필요·요청 사항 / 기타 특이 사항	
+ Appendix	방안(How) 계획 진행 관련 예시, 비용 산출 견적서, 관련 참고 내용 파일 첨부 / 별첨	

④ 참고 포인트

[문제] 상황을 이미 알고 있고, 비용을 쓰는 계획을 제시하는 보고서이기

에 예산 내에서 진행하는 것이 중요. 보고 특성상 비용 발생에 대한 비용 견적이 포함되고 여러 부서와 사전 협업이 필요한 경우가 있어 앞에서 언급한 대로 보고서 작성 전 비용에 대한 가이드라인을 확인한 후 그에 맞는 계획을 제시하는 것이 좋음.

가령 500만 원 규모의 이벤트를 기획해서 보고했지만, 부서 예산을 400만 원밖에 쓸 수 없다면 어쩔 수 없이 보고서를 수정해야 함. 그러나 사전에 사용 가능 금액을 알았더라면 그에 맞는 보고를 해서 시간을 낭비하지 않게 됨. 단, 가이드 받은 비용보다 견적이 더 큰 경우 즉시 그 이유에 대해 명확히 중간 보고를 해야 함. 그다음 결정은 내가 아닌 나의 상사의 몫으로 돌아감.

✔ 사전 비용 가이드라인 확인 후 보고서 기획

✔ 계획/실행에 대한 일정은 '언제부터 언제까지 시행할지(예정안)' 구체적 계획 포함. 가시성을 높일 수 있는 표(일정, 계획) 추가

✔ 실행 계획 요청일이 보고 시점과 가까워 일정이 매우 타이트한 경우, 최대한 빠르게 요청일까지 진행 가능한지 확인하는 것이 중요함. 그 일정까지 불가능한 경우 반드시 빠른 보고를 통해 일정을 확인해야 함.

실전에 적용하기

전략 부서 하반기 워크숍이 계획돼 있는데, 실행 계획을 보고해주세요.

전략 부서 One Team을 위한 하반기 워크숍 계획 건(2024. 09. 05)

인사기획팀(2024. 07. 22)

1. 결론(What)

→ Let's Enjoy the Future Together(즐거움을 함께! 미래를 함께!)
   2030 비전 공유를 통한 One Team 단결력 강화

2. 진행 계획(How)

1) 개요
   ① 워크숍 키 콘셉트 : Let's Enjoy the Future Together(즐거움을 함께! 미래를 함께!)
   ② 일시 : 2024년 9월 5일 09:00~21:00
   ③ 장소 : 본사 지하 대강당 및 행사장(서울호텔)
2) 일정

시간	내용	진행	참고 사항
09:00~09:30	본부장님 인사말 및 2024년 상반기 리뷰	○○○ 본부장님	PPT 사전 점검
00:00~00:00	세부 내용	진행자	XXX
00:00~00:00	세부 내용	진행자	XXX
00:00~00:00	세부 내용	진행자	XXX
00:00~00:00	세부 내용	진행자	XXX
00:00~00:00	세부 내용	진행자	XXX
00:00~21:00	세부 내용	진행자	XXX

* 일부 일정은 변경될 수 있음. 최종 확정 시 재공유 예정

3) 비용(견적서 첨부)

(단위 : 만 원)

항목	장소 대관	식사	이벤트 진행	사은품	합계
비용	400	700	500	760	2,360

3. 기대 효과(Effect)

1) 2030년 전략 공유를 통한 부서 전원 비전 및 타깃 확인

2) 다양한 이벤트를 통한 유대 강화
 → 2023~2024. 09 입사자 부서원들과 친밀도 상승(신규 입사자를 위한 팀 부서 배치 예정)

4. 기타 참고 사항 / 타 부서 협의 내용(Notice-Remark)

1) 이벤트 대행사와 이벤트 내용 및 시간 최종 확인(~07. 31)
2) 워크숍 일정 부서원 공유(08. 09)
3) 타 브랜드와 물물교환을 통한 경품 확보 가능 여부 확인(~08. 15)
2) 요청 사항 : ① 본부장님 발표 자료 및 발표 시간 확인(~09. 02)
             ② 경품 물품 확보 불가 시 추가 비용(150만 원) 사용 가능 여부 확인

5. 별첨(Notice-Appendix)

 → 이벤트 시안 및 견적서 첨부

이 보고에서 상사가 제일 궁금해할 것은 무엇일까? 이미 [문제]를 알고 있기 때문에 그에 대한 계획/실행은 반드시 진행되어야 한다. 그렇다면 보고받는 상사는 어느 정도 그 문제에 대한 생각과 비용 가이드라인을 생각하고 있을 것이다. 이에 상사의 생각, 비용과 비슷한 보고가 된다면 아주 단순하게 정리하고 넘어 갈 수 있지만, 그렇지 않다면 이야기가 달라진다.

상사의 생각과 다르지만 상사도 생각하지 못한 탁월한 문제 해결 방안이나 누구도 생각하지 못한 기발한 아이디어가 아니고서는 보고서를 수정해야 하는 번거로움이 생긴다. 그렇기에 계획/실행 보고서는 사전에 상사의 문제 해결에 대한 생각과 비용을 미리 확인하고 작성하는 것이 좋다.

계획/실행 보고서를 작성하기 전에 "팀장님, 혹시 생각하시는 구체적인 계획이 있으신가요? 만약 없다면 제가 이런 방향으로 3,000만 원 예산 범위 내에서 보고서를 작성하려고 하는데 어떻게 생각하시나요? 생각하시는 예산 범위가 있으신가요?"라고 물어보자.

지속적으로 강조하지만 보고 지시를 받고 단 한마디의 질문을 하는 것만으로도 업무 효율성을 높일 수 있고, 보고서 작성에 드는 시간을 절약할 수 있다. 뿐만 아니라, 잘못된 보고서 작성 후 보고서를 다시 써야 하는 상황에서 오는 '멘털 붕괴' 방지도 가능하다.

완료/결과
보고서

완료/결과 보고서는 제안 사항이 실행 완료된 후 진행되는 보고서이다. 이 보고의 핵심은 '계획했던 예상 타깃 대비 얼마나 좋거나 나쁜 결과가 나왔나?', '또 그 이유는 무엇인가?'이다. 출장 후 중요한 보고 사항이 있는 경우도 이에 해당된다.

- 매출 상승을 위한 여름 프로모션 결과 보고 건(2024.07.01~08.31)
- 2차 전지 ETF ○○상품 수익률 결과 보고 건(출시일~1Month)
- First Grow 유튜브 채널 오픈 1분기 결과 보고(2024.01~03)
- 중국 진출을 위한 상해 뷰티 박람회 출장 결과 보고 건(2024.11. 02~10)

① find the exact Aim

[문제]에 대한 목적 공유 → 계획 진행 전 타깃(목적 / 목표)에 대한 성과
와 결과가 궁금 → 타깃 대비 성과에 대한 결과와 그 이유(차후 비슷한 상
황 시 보완 사항 / 주의·유의사항) 파악이 핵심

② 중요 작성 포인트

회사의 인적, 물적 비용이 들어간 계획 실행이 완료되었기 때문에 보고를
받는 상사는 그 결과를 매우 궁금해함. 계획의 경중에 따라 상사는 그 결
과를 바탕으로 위 상사에게 보고서를 작성해야 하기에 보고 내용이 매우
중요함.

- 결과가 예상했던 것보다 잘 나왔을 경우 → 그 결과를 하이라이트
- 결과가 예상보다 잘 나오지 않은 경우 → 명확한 이유와 차후에 동일
  한 결과를 지양하기 위한 보완 사항은 무엇인지 명확히 작성 → 회사
  비용 지출에 대한 합리적인 근거가 반드시 필요
- ✔ 목표 대비 결과뿐만 아니라 결과에 대한 구체적이고 명확한 이유가
  드러나야 함

③ B2WHEN 활용

●**구성 항목 : 2WHEN**

1. Background	삭제	변경 내용 발생 시 추가
2. What	타깃 대비 성과에 대한 결과	필요 시 통합
3. Why	결론(What)에 대한 원인 / 이유	

4. How	후속 조치(목표 달성 시 혹은 미달성 시)	불필요 시 삭제
5. Effect	결과에 대한 내외부적 영향(긍정적 또는 부정적)	
6. Notice		
+ Remark	차후 보완 사항 / 필요 조치 사항 / 기타 특이 사항	
+ Appendix	결과 성과에 대한 구체적·수치적 자료 / 시각적(행사 사진 또는 참고 자료) 자료 / 후속 조치를 위한 시안, 견적서	

④ 참고 포인트

이 보고서의 특성상 기존에 예상한 대로 결과가 잘 나오면 기쁜 마음으로
보고서를 작성할 수 있지만, 그렇지 않다면 결과(What)에 대한 구체적인
원인(Why) 분석 후 상황에 따라 후속 조치(How)의 내용이 포함된 보고
서를 만들어야 함. '중요 작성 포인트'에서 이야기했지만, 우리가 진행한
Action Plan이 예상 타깃(목표)보다 초과 달성했다면 '우리가 예상한 대
로 또는 다른 이유로 인해 좋은 결과가 나왔다'고 성과를 강조하는 것임.
이렇게 만족한 결과가 나오면 Action Plan은 내부적으로 공유될 뿐만
아니라 차후 비슷한 상황 시 중요한 실증 사례가 됨.
반대로 예상 타깃(목표)보다 결과가 잘 나오지 않았을 경우, '어떤 이유로
예상과는 다르게 좋지 않은 결과가 나왔다'의 원인 분석이 중요함.

실전에 적용하기

유튜브 채널을 오픈하고 1분기에 어떤 결과가 있었는지 내용을
보고해주세요.

유튜브 채널 오픈 1분기 결과 보고 건(2024. 01~03)

마케팅팀(2024. 04. 10)

1. 개요(Background)

    1) 기간 : 2024. 01~03(90일간) / 기존 기간 60일 → 90일로 변경
    2) 유튜브 업로드 동영상 수 : Total 50개(동영상 30개, Shorts 20개)

2. 결과 및 이유(What + Why)

    1) Viewer : TTL 10,500회 / 브랜드 노출 : 33,100회
    2) 고객 유입(vs 전년 동 기간) : TTL 101,555명(+220% vs 전년) / 구매 고객
       51,300명(+153% vs 전년)
    3) 매출 분석(vs 전년 동 기간) : TTL 1,795,500,000원(+259% vs 전년)
    → 브랜드 메인 모델의 브이로그형 유튜브 채널이 20~30대 메인 타깃의 라이프 스
      타일과 맞아 큰 인기를 끌고 그 인기가 홈페이지 고객 유입과 매출 증가에 큰 영향
      을 미침

3. 후속 조치(How)

  ▶ 유튜브 동영상 업로드 횟수 증가 + 구독자 대상 주간 / 월간 이벤트 진행
  ▶ 일정 : 2024. 04~05(30일간) / 결과 상황에 따라 추가 진행 확인 예정

    1) 유튜브 동영상 업로드 횟수 증가(2회 / 일)
    2) 유튜브 구독자 대상 주간 댓글 이벤트 진행(2~3회 / 주)
    3) 유튜브 구독자 대상 월간 이벤트 기획(1~2회 / 월)
    4) 비용
       ① 동영상 제작 비용 : 1,500만 원
       ② 프로모션 진행 비용 : 500만 원
       → 총 예상 비용 : 2,000만 원

4. 기대 효과(Effect)

    후속 조치를 통한 고객 유입 지속 및 매출 +120% 달성 가능

5. 기타 참고 사항 / 타 부서 협의 요청 내용(Notice-Remark)

    1) 해당 내용 결과 일별 보고(부서장님, 본부장님 포함)
    2) 후속 조치를 위한 관련 부서 미팅(~04.15)
    3) 추가 이벤트 진행을 위한 대행사 세부 진행 계획 미팅(04.19)

6. 별첨(Notice-Appendix)

→ 후속 조치를 위한 견적서 첨부
→ 프로모션 진행을 위한 시안별 견적서 첨부

완료/결과 보고서는 Action Plan에 대한 결과 확인이라는 주목적과 함께 또 다른 중요 목적이 있다. 앞서 이야기한 것처럼 예상한 대로 또는 그 이상의 좋은 결과가 나왔다면 지금처럼 잘할 수 있는 점을 차후에 벤치마킹하고, 그렇지 않으면 명확한 원인 분석 등의 후속 조치를 통해 차후에는 같은 결과를 반복하지 않도록 타산지석(他山之石)의 메시지를 주는 것이 중요하다.

우리가 원하는 목적을 위해 시험(Action Plan)을 보고 채점(What)한 후 오답을 잘 분석하고 정리(Why)하는 것은 차후 비슷한 문제에 대비하여 후속 조치(How)를 하는 것과 같은 이유다. 덧붙여, 검토/의견 보고서와 마찬가지로 원인(Why)의 순서와 역할도 중요 체크 포인트다.

회의 요약
보고서

설문에 따르면 일주일에 평균 3회 이상의 회의를 하는 경우가 52%, 5회 이상이 21%나 된다.

일주일 평균 회의 횟수는?

| 48% | 31% | 13% | 8% |

1~2회   3~4회   5~6회

7회 이상

▲ "회의 왜 하는지…" 직장인들 불만 이유 1위는[2]

회의가 끝나고 상사가 갑자기 "김라윤 대리님, 오늘 회의한 내용 간단히 정리해서 참석자와 관련된 부서에 모두 이메일로 전달해주세요."라고 지시할 수 있다. 회의 요약 보고 지시는 중요한 회의였기에 그 내용을 다시 한번 참석자들과 관련자들에게 공유한다는 의미이다.

① find the exact Aim

- 논의 내용에 대한 이해도가 같음을 확인. 구두로 이야기한 것이기 때문에 차후 회의 때와는 다르게 말을 변경할 경우 팀, 부서 나아가 회사에 불리한 상황이 발생할 수 있어 증거 자료로 활용 가능
- 회의 시 해결되지 않았거나 의견 차이가 있어 결론이 나지 않은 부분에 대한 내용 확인
- 차후 후속 조치 또는 의사결정을 위한 정보 제공 및 내용 공유
- 미팅에 참석하지 않은 사람 중 해당 미팅 내용을 알아야 하는 사람에게 공유 가능

② 중요 작성 포인트

- 자신의 의견보다는 회의 요약(Meeting Recap)으로 회의의 사실적 내용을 요약 → 100% 실제 미팅 시 논의되었던 내용으로만 작성
- 의견 대립했던 내용, 차후 추가적 논의가 필요한 내용, 꼭 알아야 하는 내용 기술
- 내부 보고 시 우리 부서에서 차후 준비해야 하는 내용(Next Plan), 미팅에서 빠뜨린 내용 등 흔히 '챙겨야 하는 사항'이 있는 경우 참고 사항(Remark)에 하이라이트를 하여 추가 기술
- 내 담당 업무 관련 미팅 시, 담당으로서 주제에 대한 의견 추가 가능

③ B2WHEN 활용

● **구성 항목 : B2WHN**

1. Background	일시, 장소, 참석자 또는 참석 부서	
2. Why	회의 목적- 중요 아젠다 / 회의 진행 이유	**불필요 시 삭제**
3. What	회의 결과에 대한 협의·논의 사항 / 회의 주제에 대한 핵심 메시지(키 포인트)	**필요 시 Why와 통합**
4. How	핵심 주장 내용 / 조치 사항 / Action Plan(+ 기대 효과)	
5. Effect	**삭제**	
6. Notice		
+ Remark	부서 준비 내용 및 빠뜨린 내용 / 회의 내용에 대한 담당 의견 부서별 요청 사항 또는 차후 추가 미팅 일정 등	
+ Appendix	미팅 시 공유되었던 중요 자료 또는 관련 참고 자료	

④ 참고 포인트

실제로 다양한 회의 요약 보고서를 검토해보면 특이 사항이나 담당자의
개인 의견 등을 쓰지 않는 경우가 많음. 필수 사항이 아니고, 상사가 생각
하지 못한 Wants를 찾아내서 작성하는 부분이기 때문임. 팀 또는 부서
에서 반드시 숙지해야 하는 사항, 꼭 챙겨야 하는 내용, 회의 핵심 내용에
대한 담당자 의견, 상사의 준비 또는 조치 사항 등을 놓치지 않고 꼼꼼히
기술하는 것은 충분히 나를 돋보이게 하는 포인트가 될 수 있음.

실전에 적용하기

 오늘 전략 미팅에서 회의한 서비스 런칭 건 내용을 요약해서 회의 참석자와 유관 부서에 이메일로 공유해주세요.

'Finding my Mentor' 서비스 하드런칭을 위한 전략 미팅 (2024. 08. 08) 내용 공유 건

영업팀(2024. 08. 09)

1. 개요(Background)

1) 일시 : 2024. 08. 08 14:00~18:20
2) 장소 : 본사 대회의실
3) 참석자 : 영업팀 부서장 외 4명(회의 주관), 개발팀 부서장 외 5명, 기획팀 부서장 외 3명, 마케팅팀 부서장 외 4명, CS팀 부서장 외 1명 등 총 22명

2. 회의 주제(What)

→ 'Finding my Mentor' 서비스 하드런칭 전 영업팀 주관 각 부서 요청 사항 전달 및 하드런칭일 조율 건

3. 회의 주요 내용 요약(How)

1) 회의 내용 요약
① 개발팀과 마케팅 팀에 B to G 영업을 위한 요청 사항 전달
② 기획팀에 런칭일 연기 요청 / 인사팀에 영업팀 인원 부족 전달
→ 개발팀, 마케팅에 대한 요청 사항 피드백 완료
→ 서비스 런칭일 변경 어렵지만 인원 충원에 대한 대책 전달받을 예정(인사팀)
2) 영업팀 요청 사항
① (영업 → 개발) 런칭 전 프로그램 사전 B to G 영업을 위한 프로토타입 Ver. 요청
② (영업 → 마케팅) 런칭 전 프로그램 사전 B to G 영업에 필요한 Marketing Tool 요청

③(영업 → 기획) B to G 영업 타깃 달성을 위해 서비스 런칭일 연기 요청(기존 2025. 01. 10 → 최소 2025. 03 이후)
3) 각 부서 영업부 요청 사항 피드백
　①(개발 → 영업) 08. 31까지 프로토타입 Ver. 개발 가능 → 영업 시 필요 사항 추가 피드백 요청
　②(마케팅 → 영업) 08. 30까지 B to G용 MKT Tool 전달 가능 → 1차 가안 확인 후 영업부 피드백 요청
　③(기획 → 영업) 하드런칭일 변경 시 추가 비용 발생(약 1.5억) → 하드런칭일 변경 어려움
　→ 인사팀과 추가 미팅을 통한 영업부 인원 충원 요청 예정(차후 일정 확인)

4. 참고 사항(Notice-Remark)

1) 2차 미팅 진행 예정 → 차후 부서장 일정 확인 후 다음 주(2024. 08. 14) 미팅 콜 전달 예정(참석자 동일)
2) 2차 미팅 시 개발, 마케팅팀 영업부 피드백에 대한 1차 가안 공유 예정
3) 추가 미팅 예정(인사팀, 영업팀, 기획팀) : 영업부 인원 부족에 대한 빠른 대책 관련
→ 일정은 각 부서장 일정 확인 후 미팅 콜 예정(2024. 08. 14)

회의 요약 보고서의 특징에서 언급했지만, 해당 보고는 보통 회의 참석자를 포함한 여러 명에게 전달될 때가 많다. 그중에는 회의에 참석하지 않았지만 회의 내용을 반드시 알아야 하는 사람도 있기 때문에 항목을 구분해서 이해하기 쉽게 전달하는 것이 좋다.

또 회의 요약 보고서는 거래처 또는 협력사, 고객사 등 업무와 관련된 외부 회의를 하고 작성하는 경우도 많은데 거래처와 중요한 내용의 미팅을 하기 때문에 대부분 상사들은 미팅의 요약 보고서를 요청한다.

이때 상사의 지시에 따라 회의 요약 보고서를 거래처 참석자를 수신으로 하여 이메일로 전달하는 경우가 있다. 이 경우는 회의의 중요 내용을 서로 확인시켜주는 역할뿐만 아니라 차후 미팅의 배경 설명 자료 및 증거 자료의 역할을 한다.

여기서 중요한 유의 사항 한 가지가 있다. 보고서에 개인 의견, 회사 의견, 조치 사항, 후속 조치 등 내부에만 공유해야 하는 내용은 절대 외부로 나가선 안 된다. 또 외부로 나가는 해당 보고서는 반드시 내부 승인을 거쳐야 하며 혹시 있을지 모를 내용 유출을 방지하기 위해 '대외비' 또는 '외부 유출 주의' 등의 문구를 추가해주는 것이 좋다. 회사의 규정이 있을 시 해당 규정대로 문서를 완성하면 된다.

6가지 보고 유형 핵심 요약

───●

지금까지 6가지 보고 유형별 보고 공식 활용법을 알아보았다. 보고 유형별 보고 목적과 보고 공식을 요약한 다음 표를 통해 4장에서 배운 내용의 주요 사항을 다시 한번 정리하고 넘어가자.

보고 유형별 보고 목적 요약

보고 종류	보고 목적
상황/문제 파악 보고서	[문제] 발생에 대한 대응책 보고 요청
검토/의견 보고서	[문제]에 대한 의견 / 여러 대안 중 의견 검토 요청
제안/요청 보고서	[문제] 발견을 통한 현재 상황 개선 제안
계획/실행 보고서	(기)확정된 방안에 대한 세부적 실행 계획 공유

보고 종류	보고 목적
완료/결과 보고서	완료된 방안의 예상 대비 결과와 그 원인 파악
회의 요약 보고서	중요 회의의 핵심 내용 공유를 통한 중요 결정 사항들 확인 및 증거 자료 활용

보고 유형별 보고 공식 요약

보고 종류	보고 공식	중요 체크 사항
상황/문제 파악 보고서	B2WHEN	[문제] 발생이 내외부 여부에 따라 보고 포인트 상이
검토/의견 보고서	2WHEN	Why의 역할 변경 → What의 이유, 근거, 사례
제안/요청 보고서	B2WHEN	[문제]의 중요성, 대중성, 파급성 확보 필요
계획/실행 보고서	WHEN	보고서 작성 전 비용(예산)에 대한 가이드 확인
완료/결과 보고서	2WHEN	타깃 미달성 시 그에 대한 원인 또는 대책안 중요
회의 요약 보고서	B2WHN	내 / 외부 보고 시 준비 사항, 담당자의 의견, 후속 조치 추가 가능

Reporting Revolution

5장

잘 쓴 보고서의
특징

보고서를 잘 쓰기 위해 알아야 하는 커뮤니케이션의 특징

지금까지 우리가 알아본 보고서뿐만 아니라 회사에서 사용하는 모든 소통(말이나 사내 메신저 또는 카카오톡, 문자 메시지)은 '전달'을 위한 커뮤니케이션 수단이다. 이외에도 문서의 종류에 따라 기획서, 제안서, 품의서 등이 있는데 이 또한 회사의 필요에 의해 구분해놓은 '전달' 수단이다.

커뮤니케이션 모델로 알아보는 메시지 전달 과정

라스웰의 커뮤니케이션 모델은 누군가가 어떤 내용을 다른 사람에게 전달하는 과정을 보여준다. 이 모델은 메시지를 보내는 사람(Sender), 메시지 내용(Message), 메시지를 전달하는 방식(Channel), 받는 사람(Receiver)으로 이루어져 있다.

▲ 라스웰의 커뮤니케이션 모델

　메시지를 보내는 사람이 원하는 반응을 상대방에게서 이끌어내기 위해서는 제대로 된 메시지 내용과 전달 방식이 필요하다. 하지만 메시지 전달 과정에서 여러 가지 방해 요인이 있을 수 있기 때문에, 보내는 사람과 받는 사람 사이에 서로 이해할 수 있는 공통된 맥락이 있어야 원활한 커뮤니케이션이 가능하다. 말하려고 하는 메시지(Message)가 무슨 말인지 이해하기 어렵거나, 신빙성 없는 근거, 뒤죽박죽인 구성이라면 무슨 이야기인지 잘 전달되지 않는다. 또 수신자(Receiver)의 성향을 파악하지 않고 자기의 생각대로 이야기한다면 그 또한 상대방에게 내가 전달하려는 메시지를 잘 전달할 수 없다.

　필자는 올해 초등학교 2학년인 두 명의 조카가 있는데 어느 날 한 조카가 나에게 이렇게 물어보았다. "삼촌은 회사에서 무슨 일을 해?" 내가 회사에서 하는 일을 조카의 눈높이에 맞춰 쉽게 설명하지 않고, 회사원인 친구에게 말할 때와 같이 설명하면 9살 조카는 잘 이해할 수 없을 것이다. 나아가 조카가 나에게 같은 질문을 카카오톡 메시지 또는 이메일로 한다면 얼굴을 보며 질문을 했을 때와 언어나 표현이 바뀔 것이다. 당연히 각 상황에 맞는 언어와 메시지를 사용하여 커뮤니케이션을 했을 것이다.

　원활한 커뮤니케이션을 하기 위해서 수신자는 물론, 커뮤니케이션 수단을 잘 파악해야 한다. 보고서도 마찬가지다. 알아야 잘 할 수 있다. 그렇다면 회사의 커뮤니케이션 수단인 보고서를 잘 쓰기 위해서 우리가 반드시 알고 있어야 하는 것은 무엇인지, 다양한 요소에 대해 지금부터 자세히 알아보자.

구성의 기본 구조를 알고
보고서 작성하기

일상 대화나 업무적으로 자기 주장을 펼칠 때 논리적으로 이야기하는 사람을 보고 흔히 '말 잘하는 사람, 설득력 있는 사람'이라고 한다. 그럼 논리적이란 말은 무엇인가?

> **논리**(論理) 「명사」 말이나 글에서 사고나 추리 따위를 이치에 맞게 이끌어가는 과정이나 원리

논리를 쉽게 이야기하자면 상대방이 '이해되도록' 표현하는 것이다. 이치에 맞게, 이해하도록 이야기해야 원활한 소통이 된다는 말이다. 조직이나 회사는 내 노동에 대한 대가를 지불하는 곳이다. 회사에서 내가 작성한 보고서가 보고받은 사람이 이해할 수 없다면 크게 잘못된 것이고 고쳐야 한다.

여기서 '이해되도록'이란 말은 무엇을 의미하는 것일까? 전달하고자 하는 내용의 의미를 쉽게 파악할 수 있게 만들어주는 것이다. 한 마디로 순서이다.

올바른 순서가 의미를 쉽게 전달한다. 이는 보고서뿐만 아니라, 우리의 삶 모든 부분에서 마찬가지다. 우리가 듣고 있는 음악도 도입, 전개, 클라이맥스의 순서가 있고, 영화도 갑자기 결말이 나올 수 없는 노릇이다. 요리를 할 때도 먼저 재료를 씻고 다듬고 준비를 한 후에, 재료를 볶고 졸이고 섞어야 요리가 되고 그것을 그릇에 담아야 완성되는 것이다.

이해가 된다는 것은 시작, 중간, 끝의 순서, 즉 구조가 있다는 말이다. 물론 아무리 논리적으로 구성되어 있다고 해도 그 구성에 들어가는 내용과 요소들이 거짓이거나 현실성이 없거나 주제와 연관성이 없는 것이라면 이는 상대방을 속이는 행위이다. 플레이팅이 멋지게 된 최고급 호텔의 생선 요리가 먹음직스럽게 있지만, 한 입 먹는 순간 생선이 상했거나 맛이 없다면?

보고도 마찬가지다. 문제에 대한 이유를 명확히 파악해서 그 상황에 맞는 올바른 제안이 이루어져야 한다. 아무리 구조가 잘 짜여져 쉽게 이해된다고 해도 그 구조 안에 들어간 내용 또한 중요하다. 보고의 내용은 개인마다 다른 영역이기에 이해하기 쉬운 보고서의 구조에 대해 더 알아보겠다.

논리적 구조의 보고 구성 이해하기

앞서 보고서를 쓰는 6단계, B2WHEN을 알아보았다. 그 구성 또한 '이해되도록', 즉 상대방이 이해할 수 있도록 논리적으로 구성된 것이다. 스토리텔링 화법인 STAR(Situation, Task, Action, Result), 조직에서 피드백을 주는 기법인 SBI(Situation, Behavior, Impact) 화법, 논리적 말하기 화법인 PREP(Point, Reason, Example, Point), 판매에 도움을 주는 FABE(Feature, Advantage, Benefit, Evidence) 화법, 설득력을 높이는 EOB(Example, Outline, Benefit) 화법 등도 B2WHEN과 마찬가지로 '이

해되도록 순서를 구조화'한 것이다.

앞에서 배운 것처럼 보고의 종류에 따라 구성 항목과 세부 명칭은 변화할 수 있지만, 보고의 기본 구성을 토대로 보고해야만 '이해되기 쉬운(논리적) 보고서'라 할 수 있다. 이미 배운 B2WHEN 중 'B2WHE'가 어떻게 논리적으로 구성되어 있는지 아래 그림을 통해 설명할 수 있다.

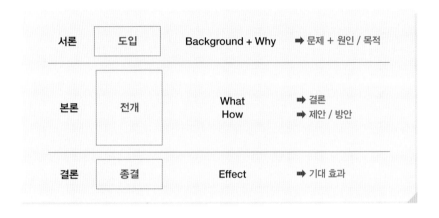

보고서도 글쓰기의 한 종류이다. 그래서 보고서의 구성도 일반적인 글쓰기처럼 서론-본론-결론(도입-전개-종결)의 3단 구성으로 나뉜다. 이 말은 보고서 하나는 각 항목이 결론을 위한 인과 구조로 되어 있다는 말이다.

- **서론(Background + Why)** : 보고서를 쓰는 문제의 배경은 무엇인가? 문제는 왜 일어났는가? 왜 이 보고서를 쓰는 것인가?
- **본론(What / How)** : 문제 해결을 위한 대책(제안 또는 방안)은 무엇인가? 그리고 왜 그 대책을 세워야 하는가? 논리적 근거와 적절한 예시는 있는가?

- **결론(Effect)** : 대안 진행 시 보고 목적에 맞는 기대 효과가 얼마나 있는가? 비용 대비 어떠한 효과 또는 결과가 일어나는가? 구체적으로 무엇이 우리에게 이익이 되는가?

이미 보고의 6단계 B2WHEN을 배웠지만, 서론-본론-결론의 3단 구성을 통해 큰 맥락을 알고 보고서를 쓴다면 '이해할 수 있는' 보고서를 훨씬 쉽고 빠르게 만들 수 있다. 전체 틀을 알고 반복적으로 공식에 대입하는 연습을 해보라. 어떤 보고도 쉽게 내용을 구성할 수 있을 것이다.

보고서 작성을 시작하기 전에
스토리 라인 만들기

보고의 정의, 특징, 역할, 종류, 구조화까지 다 배웠다. 이제 실전만 남았다. 필자가 진행하는 보고서 작성 오프라인 수업에서 수강생들의 반응을 보면, 머리로는 이론을 잘 알겠는데, 실제 현업에 적용하려고 보니 고려해야 할 부분들이 많다는 의견이 많았다. 당연하다. 수업과 책만으로는 보고서를 작성할 때 발생하는 모든 생각, 고민거리까지 다룰 수는 없다.

그렇다면 보고서를 잘 만들기 위해 작성 전, 어떠한 생각의 과정을 거쳐야 하고, 각 항목 구성에 대한 고민을 해야 하는지 알아보겠다. 다음은 보고서를 작성할 때 생각해야 할 항목과 순서를 정리한 것이다.

1 보고의 의도 / 목적 찾기
2 '문제−원인−제안'을 간단히 적어서 전체적인 스토리 구상하기
3 '문제−원인−제안'에 B2WHEN 적용하기

- 문제 + 원인 = Background + Why

- 제안 = What + How + Effect

- 기타 사항 = Notice(Remark / Appendix) 추가하기(요청 및 특
  이 사항 정리하기)

4 단계별 추가 생각 포인트 및 구성 항목 가이드를 통한 스토리 완성하기
(추가 항목 확인하기)

5 전체 보고서 완성본 리뷰 및 수정 사항 최종 확인
(중간 보고 내용 및 전체적인 연관성, 오탈자 포함 최종 점검하기)

위 순서대로 생각을 정리해보고, 실제 업무를 하면서 자주 고민되는 지점이 있으면 반드시 해당 항목을 적용하는 기준을 스스로 찾아보고 정리해놓자. 이런 과정을 거치면 다음 보고서를 만들 때 한 번 고민했던 포인트는 비슷한 상황에서 쉽게 정리하고 넘어갈 수 있을 것이다.

다음 페이지의 보고 프로세스 로드맵을 자주 들여다보고 그 순서대로 보고서를 작성하는 훈련을 해보자. 프로세스가 익숙해지면 보고 지시를 받는 순간 머릿속에서 자동으로 다음 페이지의 표와 같은 프로세스가 그려질 것이다. 반복을 통해 점점 익숙해지면 누구나 일잘러 반열에 올라갈 수 있을 것이다.

보고 프로세스 로드맵(보고서 작성 프로세스)

보고 구성 순서

문제 + 원인	제안

문제 + 원인

Background + Why

- ▶ (추진)배경
- ▶ 문제 / 현황

- ▷ 원인(분석)
- ▷ 목적

제안

What

- ▶ 결론
- ▶ Key Message (Point)

- ▷ 비교 사례
- ▷ What 강화 근거

How

- ▶ 방안 1, 2, 3 (실행 전략, Action Plan)
  근거 1, 2, 3
  예시 1, 2, 3
- ▷ 예시 자료 : 사진, 표, 그래프 등
- ▷ 계획 / 일정 포함
- ▷ 방안 순서 기준 확인

단계별 추가 생각 포인트

원인 항목 삭제
보고서 종류,
피보고자의
원인 인지
유무에 따라 결정

배경, 현황 항목 단일화
[문제] 종류에 따라
해당 항목
단일화 여부 판단
→ 두 항목을
하나로 합쳐서
작성 가능

결론 강화 근거
필요 시 결론을
강화시키기 위한
사례를 통한
비교 / 장단점 포함.
포함 시,
최대한 간단히 표현

방안의 실효성 사전 확인
일정, 타 부서(외주 업체)
지원 가능 여부 등
실행 가능 여부가
확인된 방안만 보고

예시 자료
사진, 표, 그래프 등
도해 자료 첨부 시
해당 자료를 Appendix로
활용할지 여부 판단

계획 / 일정
가급적 일정표를 통해
최대한 간단히 표현

보고의 목적 찾기 find the exact Aim

Effect	기타 사항	
	Remark	Appendix

Effect

▶ 기대 효과
▶ 목표 / 예상 성과

▷ 구체적 수치(정량적)
　(진행 전후 비교)
▷ 정성적 수치

＋

Remark

▶ 요청 사항
▶ 특이 사항
▶ 체크 사항

▷ Next Step / Plan
　(Next Process)
▷ 향후 과제

Appendix

▶ '제안' 관련 자료
▶ 추가 관련 자료
▶ What, How,
　Effect 내용 참고
　자료
▷ 보고 핵심 관련
　자료
▷ 보고 관련 내용
　참고 자료

구체적 수치(정량적)
수치 표현이 가능한
내용은 가능한 한
수치로 작성

정성적 수치
숫자로 표현하기
어려운 기대 효과
작성 가능

요청 사항
결제, 예산 확보,
타 부서와 풀어야 할
이슈 등이 있을 경우
명확히 기술

특이 사항
반드시 해당 내용을
상사가 알고 있어야
할 경우 또는 해당
업무 진행 시 있을
수 있는 이슈 등

첨부 사항
Key Message를
강화시켜 주고,
How의 여러 방안을
쉽게 보여 줄 수 있는
자료

추가 사항
보고서 내용 중 꼭
알려야 할 필요성이
있는 자료, 애매할
경우 우선 첨부 후
구두 보고 시 전달

피보고자의
입장과 성향 고려하기

3장에서 3SMART의 'R', 즉 Receiver-oriented의 중요성에 대해 알아보았다. 5장의 시작에서 살펴본 라스웰의 커뮤니케이션 모델에서도 알 수 있듯 수신자(Receiver), 즉 보고받는 상사의 성향을 파악하는 것은 당연하면서도 매우 중요한 일이다.

우리가 작성한 보고서를 제품이라 하고, 보고를 받는 상사, 즉 피보고자를 소비자라고 생각해보자. 소비자는 내가 만든 제품이 마음에 들지 않으면 절대 사지 않는다. 상사도 내 보고서가 마음에 들지 않으면 좋은 평가를 주지 않는다. 상사의 성향, 가치관, 경력, 과거 그들의 리더에게 받은 영향 등 다양한 요소에 따라 보고서 취향이 천차만별이다. 또 그것들을 파악하려면 시간이 오래 걸린다. 짧은 시간 안에 상사의 취향을 완벽히 파악하는 것은 거의 불가능하다. 그래서 고민하지 말고, 앞에서 여러 번 언급했듯이 친한 선배나 사수에게 물어보기를 권한다.

회사도 시장 조사를 통해 제품을 구매할 고객을 분석하고, 그 분석을 토대로 그들이 원하는 제품을 개발하고 출시한다. 보고서도 마찬가지다. 상사 개개인의 성향, 취향을 완벽히 알 수는 없지만, 피보고자로서 공통적으로 가지고 있는 특징과 성향은 분명히 있다. 다음 내용은 피보고자들에게서 공통적으로 나타나는 입장과 성향을 정리한 것이다. 보고서를 작성할 때 알아두면 매우 도움이 되므로 반드시 이해하고 넘어가길 바란다.

보고 지시가 명확하지 않은 이유 2가지

첫째, 지시를 하고 난 순간 내 지시를 100% 명확하게 이해했으리라 확신한다

배경을 포함한 디테일한 지시보다는 한두 마디로 보고 지시의 의도를 파악해주길 바란다? 팀원 입장에서는 상사들이 보고를 지시할 때 들 수 있는 생각이다. 상사들은 바쁘다. 높은 위치에 올라갈수록 할 일이 많고 더 바빠진다. 그렇다고 지시를 내릴 때 자세하고 디테일하게 안 해준다고? 대부분의 상사들은 세세한 지시까지 내리지 않는다. 가령 "이런 내용은 꼭 넣어주시고, 이런 내용은 절대 넣으면 안 돼요. 목차는 이렇게 구성해주시고요. 여기에는 그래프를 추가하면 좋겠어요."라고 절대 얘기해주지 않는다.

그 대신 이런 식이다. "김라원 대리님, 아까 회의에서 부장님이 말씀하신 이슈 피드백(보고) 디테일하게 좀 해줘요. 바쁜 거 없으면 2시까지 부탁해요." 이미 팀장은 나와 회의 내용이 동기화되어 있다고 생각한다. 거의 모든 상사는 보고 지시를 내리는 순간 자신의 지시 사항을 100% 이해했다고 확신한다.

피보고자의 머릿속 : 당연히 내 지시 사항을 이해했을거야. 이해를 못했으면 질문을 했겠지!

지금 학교가?

서울 사람이 이해한 뜻 : 지금 학교 가니?
경상도 사람이 이해한 뜻 : 지금 학교에 있니?

▲ 경상도 사람만 아는 말 2탄 "지금 학교가?"(출처 : 동아일보, 2013)[1]

위 예시처럼 일상 대화에서도 의미 전달이 어려울 때가 많은데 조직에서 상사와의 대화는 더 어렵다. 보고를 지시할 때마다 보고자가 100% 이해할 수 있도록 세세히 설명하는 상사는 많지 않기에, 보고자인 내가 그의 지시를 100% 이해할 수 있어야 한다.

둘째, 보고 지시를 내리는 상사도 완성된 보고 내용과 디테일한 구성을 모른다

지시를 내리는 상사는 자신도 완성된 보고서를 디테일하게 그리지 못한다. 필자도 팀장으로서 보고를 지시할 때 보고 내용을 명확하게 설명하지 않을 때가 있다. 단순 보고야 그렇지 않지만, 조금 신경을 써야 하거나 중요하거나 복잡한 문제에 대해서는 필자도 보고서를 만들어봐야 알기 때문이다. 이 말은 즉, 상사도 보고 지시를 하는 문제에 대해 그 목적은 알지만 그 목적을 디테일하게 만드는 본론에 대해서는 보고서 구성 항목과 내용까지 세세히 생각해보지 않았다는 이야기이다.

"김 대리님, 이번에 글로벌 본사에서 한국에 방문하는데 우리 부서의 전체적인 상황에 대해 브리핑할 자료 좀 만들어주세요." 당연히 지시를 내린 팀장은 지시 내용에 대한 전체적인 구성 내용은 알고 있다. 꼭 들어가야 하는 '이것만큼은 빠뜨리면 안 되는' 내용도 물론 알고 있다. 그러나 디테일하게 어떤 요소를 강조해야 하는지, 어떤 포인트를 추가하고, 넣지 않아야 하는지 등은 생각하지 않았을 것이다. 김 대리가 보고서를 가지고 오면 '이 부분은 빼고, 경쟁사와 매장 오픈 내용은 추가하고, 첨부에 오픈 매장 사진도 추가하고' 등의 피드백을 통해 보고서가 수정된 후에야 팀장 자신이 원하는, 나아가 윗분들이 원하는 보고서로 완성된다.

가끔 팀장도 생각하지 못한 좋은 아이디어나 포인트 내용으로 보고서를 구성해오는 경우도 있는데, 이러면 팀장이 생각한 보고서 방향이 바뀌기도 한다. 팀장도 사람이다. 보고를 지시하지만 모든 보고 지시에 대한 완성 보고서가 머리에서 바로 나오지는 않는다.

반대로 지시 때마다 이미 정답을 생각하고 지시를 하는 답정너 스타일의 상사도 있다. 이런 스타일의 상사는 자기가 원하는 보고서가 어느 정도 머릿속에 그려져 있다. 명확한 구상이 없는 상태에서 지시를 하는 상사와 답정너 스타일의 상사에 대처하는 방법을 확인해보자.

상사 스타일에 따른 대처법

• case 1 : **지시부터 하는 상사**

"팀장님, 지시 내리신 부분에서 혹시 꼭 들어가야 하거나 생각하신 내용이 있나요? 혹시 없다면 경쟁사 분석, 시장 트렌드 조사를 통한 마케팅 매체 선정, 그리고 시안 첨부하고 초안 만들어서 보고 드리겠습니다."

➔ 상사의 머릿속에는 아직 구성 요소와 디테일한 내용이 없기에 보고자인 내가 먼저 필요한 내용을 확인해야 한다. 상사는 나의 밑그림을 본 후 보고의 방향을 설정할 가능성이 크다. 그래서 이 경우에는 반드시 초안 보고(~10%)를 하여 보고의 방향성과 구성 요소 등을 상사와 같이 정해야 한다.

• case 2 : **답정너 스타일 상사**

"팀장님, 지시 내리신 내용이 정확히 이해되지 않아서요. 경쟁사 분석, 시장 트렌드 조사를 통한 마케팅 매체 선정은 반드시 포함하고, 사전에 공유된 시안도 함께 첨부하라는 말씀이시죠? 혹시 추가하거나 변경해야 하는 사항이 있을까요?"

➡ 보고 지시에 대해 내가 최대한 이해한 부분과 내가 구성하려고 한 부분을 확인받아야 한다. 이미 상사는 머릿속에서 70% 이상 보고서 구성을 끝냈기 때문에 질문을 통해 그 구성을 최대한 끌어내야 한다.

보고자가 문제의 배경과 내용을 어느 정도 알고 있다고 생각한다

부서장 회의를 끝내고 돌아오는 팀장이 나에게 이런 지시를 내린다. "이번에 기획했던 ETF 상품을 조금 다른 콘셉트로 진행시켜야 될 것 같아요. 기존과 다른 콘셉트로 기획해보고 보고해줘요." 갑자기 머리가 하얘진다. 나는 회의도 안 들어갔고, 회의에서 어떤 내용이 오갔는지 전혀 모르는 상태에서 어떻게 해야 할까?

"김 대리님, 사장님께서 이번 TV CF안을 보시고 조금 수정이 필요할 것 같다고 하시네요. 추가 시안 좀 만들어서 보고해줄래요? 캠페인도 조금 수정해주세요." 도대체 TV CF안의 어떤 부분에 수정이 필요한지, 어떤 콘셉트를 원한다는 건지, 캠페인에 어떤 부분을 수정해달라는 건지 도무지 알 수 없다.

다음 페이지의 그림과 같이 회사에서 높은 위치에 있을수록 가지고 있는 회사 정보의 양은 비례한다. 사장이나 임원들이 팀, 부서 또는 외부에서 일어나는 아주 사소한 일까지 모두 안다는 게 아니다. 삼성 이재용 회장이 삼성전자 강남역 팝업 스토어에서 어제 30분 동안 발생한 시스템 오류의 문제까지 다 알 수 없고, 알 필요도 없다. 여기서 이야기하는 정보는 팀, 부서, 회사 전체에서 일어나는 크고 중요한 현안의 문제를 의미한다.

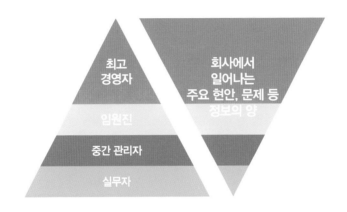

회사는 내부와 외부에서 다양한 문제가 발생하며, 발생한 문제는 경중에 따라 보고를 통해 최종 결정권자에게 전달된다. 이 과정에서 각 부서의 리더는 부서 팀장들의 보고를 통해 발생한 모든 문제를 파악하고, 담당 부서의 결정 사항을 검토하고 결재한다.

문제에 대한 정보는 조직의 피라미드 구조로 올라갈수록 양이 증가한다. 그뿐만 아니라 조직이 가야 할 방향을 설정하고, 그 길로 올바르게 가기 위한 비전과 목표, 타깃을 설정하는 역할을 하는 것은 대표를 포함한 최고 경영진(임원)들이다. 이들의 중요한 의사결정에 의해 회사가 운영되므로 회사 전반의 중요한 정보는 당연히 이들이 제일 많이 알고 있다.

여기서 중요한 포인트는 상사 지시 사항의 문제 배경과 상황을 명확히 알아야 쉽게 find the exact Aim(정확한 보고 목적, 의도 찾기)을 하고 거기에 맞는 방안(How)을 작성할 수 있다는 것이다. 문제의 배경 지식이 피보고자와 비슷한 경우는 상관없지만, 그렇지 않다면 배경과 내용을 명확히 이해한 후 보고를 진행해야 한다. 피보고자에게 물어보는 것이 가장 좋고, 그러지 못할 상황에는 배경을 잘 아는 선배, (관련 부서) 동료에게 질문해서 명확히 확인해야 한다.

상사는 보고자가 어떠한 중요 업무를 하고 있는지 다 알지 못한다

거의 모든 직장인들은 회사 생활이 바쁘다. 출근 시간부터 처리해야 하는 일들을 부지런히 해야만 '칼퇴'를 할 수 있다. 내가 맡은 루틴한 업무만 해도 오전 9시~오후 6시 일과 시간(9 to 6)이 꽉 찬다는 말이다. 그러나 상사는 보고 지시에 예고를 하지 않는다. 상사는 '현 대리가 지금 어떤 일을 하고 있는지?', '얼마나 긴급한 일을 하고 있는지?', '얼마나 중요한 업무 처리를 하고 있는지?'를 정확히 모른다. 내가 하는 업무는 내가 담당자이기 때문에 상사는 보고 지시를 하는 순간 내가 어떤 일을 하고 있는지 디테일하게 100% 알 수는 없다.

나의 상사가 내가 지금 어떠한 일을 하는지 모르는 상황에서 지시하는 보고 또한 매우 중요할 수도, 매우 긴급할 수도 있다. 그렇기 때문에 지시한 보고와 나의 현재 업무의 중요도, 긴급성을 체크해서 보고 마감 시간을 피보고자와 반드시 협의해야 한다. 내가 지금 급하게 처리해야 하는 업무 때문에 상사가 요청한 보고서를 시간 내에 도저히 마감할 수 없을 경우, 상사에게 분명히 이야기해야 한다. 그래야 상사는 다른 팀원에게 지시하거나 플랜 B를 세울 수 있다.

보고 지시의 경중을 파악해서 정확한 타임라인을 확인해야 한다. 만약 내가 급히 처리해야 하는 일 때문에, 또는 보고서 작성에 시간이 더 필요해 보고가 늦어진다면 반드시 적절한 시점(Timely manner)에 중간 보고를 해야 한다.

상사는 숫자를 좋아한다

상사가 숫자를 좋아하는 이유는 무엇일까? 동일한 상황에 대한 다음 보고가 어떻게 다른지 생각해보자.

 팀장님, 제품 불량으로 반품이 많이 들어오고 있는 실정입니다. 매출 타격이 매우 클 것 같습니다.

VS

팀장님, 총 320개 판매된 스탠드 제품 전원 스위치 불량으로 금일 11시까지 163개 반품, 반품율 51%이고, 반품 비용 포함 환불 금액은 20,212,000원입니다.

상사들이 숫자를 좋아하는 몇 가지 이유가 있다.

- 상황에 대한 문제 파악이 쉽다.
- 성과, 결과에 대한 파악이 쉽다.
- '꽝' 팔기 쉽다.
- 업무의 효율성이 높아지고 투명해진다.

먼저, 숫자는 객관적이라 데이터 분석을 통해 문제를 신속하게 파악할 수 있다. 또한, 숫자는 여러 조건을 비교하고 분석하여 성과와 결과를 쉽게 이해할 수 있게 도와준다. 더불어, 성과가 좋을 경우 이를 수치 데이터로 쉽게 보고할 수 있어, 시쳇말로 상사에게 '꽝' 팔기 쉽다. 마지막으로, 데이터로 현상을 설명하고 문제를 해결하기 때문에 조직 간 커뮤니케이션이 간소화되어 효율성, 투명성이 증가한다. 고과 평가에서도 정성 평가보다 정량 평가에 대해 불만이 덜한 것이 대표적인 예이다.

너무 세세한 사항에 신경 쓰지 않는다

보고서의 완성도는 디테일에 있다. 그러나 세심한 부분에 고민하는 시간은 최소로 줄이고, 보고 목적과 내용에 충실하는 것이 더 중요하다. 도표에서 이 도형을 꼭 써야 한다든지, 비슷한 의미의 두 단어 중 어느 단어를 써야 하는지, 이 설명을 왜 넣어야 하는지, 그래프의 색상은 어떤 것이 좋은지 등 작은 것에 너무 많은 시간을 쏟지 말라는 것이다. 보고서에는 보고에 대한 본론, 즉 핵심 내용이 중요하다. 이런 점들이 프롤로그에서 이야기한 현대카드의 'PPT 사용 금지령'의 배경이 된 것이다.

단, 오해하지 말기 바란다. 누가 봐도 성의 없게 보고서를 만들라는 이야기가 아니다. 필자가 강조하는 것은 '세심한 부분에 고민하는 시간은 최소로 하되, 보고 목적과 내용에 충실하라'는 이야기이다. 1장에서 이야기한 '상사는 우리 보고서의 모든 내용을 정독하지 않는다'는 말과 연관되는 부분이다.

지금까지 매우 중요한 피보고자의 특징과 성향을 알아보았다. 지금까지 알아본 것만으로 피보고자 모두를 설명할 수 없지만 앞에서 말한 특징과 성향만 잘 이해하고 일을 한다면 이전과는 다른 큰 차이를 경험할 것이다.

중간 보고는
나를 돋보이게 한다

피보고자가 원하는 보고서 작성을 위해 반드시 필요한 중간 보고에 대해 자세히 알아보자. 남 팀장은 동일한 보고 지시를 강 대리와 최 대리에게 시켰고, 둘은 남 팀장이 요청한 시간까지 동일한 내용의 보고서를 작성해서 보고하였다. 다음과 같은 상황일 때 남 팀장은 강 대리와 최 대리 둘 중 누구를 더 높게 평가할까?

- **강 대리 :** 2~3차례 중간 보고와 피드백을 통해 보고서를 완성
- **최 대리 :** 중간 보고 없이 자기 스스로 보고서를 완성

일부는 최 대리라고 답변하는 사람도 있을 것이다. 알아서 잘하는 팀원이라고 느껴지기 때문이다. 그러나 대부분의 팀장은 강 대리를 더 높이 평가할 것이다. 강 대리는 남 팀장의 보고 목적과 보고 이유를 정확히 파악하기 위해 노력하였다. 최대한 팀장의 입장을 파악하고 그가 원하는 보고를 하기 위해 업무 진행 상황에 맞춰 팀장을 찾아간 것이다.

절대 실수는 없다.

항상 상사가 원하고 만족하는 보고서를 만든다.

VS

중요한 보고일수록 실수를 줄이고,

중간 보고를 통해 상사가 원하는 보고서를 주도적으로 만든다.

회사 임원, 대표를 포함해 회사 생활을 하는 사람 중에서 항상 상사가 원하고 만족하는 보고서를 만드는 사람이 있을까? 최 대리도 매번 팀장의 입장에서 상사가 원하는 보고서를 쓸 수는 없다. 살바도르 달리가 남긴 아래의 명언을 기억하자.

완벽을 두려워하지 마라, 어차피 완벽할 수 없을 테니까!

(Have no fear of perfection, you'll never reach it!)

20개 기업 일잘러 팀장에게 얻는 보고 노하우

2장의 설문 Q14에서 중간 보고의 필요성을 알아보았다. 팀장도 가끔은 두렵다. 중요한 보고를 위해 일을 시켰는데, 중간 보고 없이 만들어서 가져온 보고서에 수정할 부분이 너무나 많다면? 더군다나 팀장이 위 상사에게 보고할 시간이 매우 촉박하다면? '이렇게 자기 멋대로 만들어서 나한테 준다고? 보고할 시간도 얼마 안 남았는데 지금 나보고 어떻게 하라는 거야?'라는 생각이 들 수도 있다.

뿐만 아니라 중간 보고를 통해 상사는 팀원이 옳은 방향으로 일을 하고 있는지, 보고의 목적에 맞게 일을 하고 있는지 알 수 있다. 이 말은 상사의 궁금증뿐만 아니라 보고서 작성 상황도 체크할 수 있다는 말이다. 이렇게 중간 보고는 상사를 안심시키는 역할까지 한다. 게다가 상사 역시 그 위 보고 라인에 업무 진행 상황을 전달할 수 있을 뿐만 아니라, 그 정보를 알고 있어야 혹시 있을 질문에 대비할 수 있게 된다. 중간 보고는 이만큼이나 중요하지만, 중간 보고를 하지 않는 직원들이 점점 많아지는 관계로, 최근에는 팀장 이상 리더십 교육 내용 중 '중간 보고를 이끌어내는 법'을 하나의 주제로 다루기도 한다.

여기서 중간 보고가 중요한 또 하나의 이유가 있다. 아래의 통계를 보자. 보고서 작성 시 3회 이상 반려당하는 비율은 95%다. 이는 엄청난 수치이다. 중간 보고를 통해 보고서 반려 횟수를 충분히 줄일 수 있다.

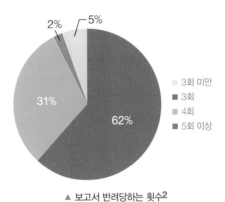

▲ 보고서 반려당하는 횟수2

중간 보고의 또 하나의 중요한 이유는 중간 보고를 통해 일의 양을 엄청나게 줄일 수도 있다는 것이다. 보고 지시를 받은 보고자는 여러 사항을 조사하고 알고 있는 정보를 활용해 10페이지 정도의 보고서를 쓸 계획이 있었다. 그러나 중간 보고로 인해 불필요한 것을 모두 삭제하라는 지시에 따라 2~3페이지 분량의 보고서로 문서를 마무리했다. 일의 양이 훨씬 줄어들게 된 것이다.

간혹 중간 보고를 통해 혹 떼려다 도리어 혹을 붙여오는 경우도 심심치 않게 발생한다. 이런 경우는 대부분 보고서가 완성되고 추가 지시로 업무를 해야 하는 경우이다. 중간 보고를 통해 업무의 양이 줄어드는 경우가 비교되지 않을 정도로 많으니 걱정하지 마라.

그럼 중간 보고가 반드시 필요한 경우와 중간 보고를 언제 어떻게 하는지 구체적인 방법을 이야기하겠다.

📋 중간 보고가 반드시 필요한 경우

- ✔ 상사의 지시와 목적을 어느 정도 알겠지만, 보고서 작성 후 명확한 방향성을 잡기가 어려운 경우
- ✔ 보고서를 여러 번 써봤지만 디테일이 부족하다고 생각하는 경우
- ✔ 보고서가 항상 양이 많고 불필요한 내용이 많다고 생각하는 경우
- ✔ 결론이 명확하지 않고 정리가 안 된다고 생각하는 경우
- ✔ 상사에게 최종 보고 시 빈번한 수정 요청과 아래와 같은 피드백을 자주 듣는 경우

"다음 보고부터는 중간에 나한테 한 번 확인시켜주세요."

"혹시 ○○ 보고서 잘 진행되고 있나요? 어떻게 작성하고 있어요?"

"그래서 하고 싶은 말(결론, 주제)이 뭔가요?"

"이건 내가 요구한 목적이 아닌데, 수정해서 다시 해와야겠네요."

"이 내용은 들어갈 필요가 없는데, 왜 들어간 건가요?"

"이 내용은 빠져 있네요. 이 내용을 추가해서 작성해줘요."

"내가 이야기한 사항이 없네요. 놓치지 말고 해줘요."

"이번에는 내가 이야기한 대로 보고서를 작성해줘요. 자꾸 빼먹는 부분이 있으면 안 돼요."

"지난 번 피드백 준 대로 최대한 핵심 내용만 간결하게 해줘요."

중간 보고를 해야 하는 시점

중간 보고는 현재 보고서 작성 상태를 중간에 점검하고, 보고서의 향후 방향성을 확인하는 것이다. 중간 보고의 횟수와 시점은 1, 2, 3차로 나눌 수 있다. 물론 매우 단순한 보고서라면 1~2차례로도 충분하다.

1차 초안 보고(~10%) :
구성 요소, 목차, 보고서의 방향이나 의도를 재확인하는 단계

처음 지시 때 어느 정도 보고 목적에 대해 전달받았고, 전체적인 보고 내용과 의도를 알고 있기에, 방향성을 잡고 문서 작성을 시작한다. 보고 의도와 목적을 통해 보고 핵심(What)의 방향성을 확인하고 보고서 구성 요소와 구조가 피보고자의 의도와 맞는지를 확인한다.

2차 내용 보고(50~60%) :
보고서의 Key Message, What과 How, Effect의 확인 및 처음 지시와 다른 변경 사항 유무 체크 단계

이미 1차 초안 보고를 통해 보고의 방향성인 핵심(What)을 확인하였고, 핵심(What)에 대한 방안(How), 효과(Effect)가 어느 정도 작성된 상태이다. 이때 이미 작성한 방안(How), 효과(Effect)를 확인하고, 혹시 지시 내용에 추가 또는 변동 사항이 없는지 확인한다. 간혹 처음의 지시 내용과 일부 내용이 변경될 수도 있고 윗분들의 추가 지시 사항이 있을 수 있기 때문이다.

3차 점검 보고(80~90%) :
보고 전 마지막 피드백 단계로 문서 작성 시 '뺄까 말까' 한 부분 체크,
도표 / 그래프, 강조 부분 등을 확인하는 단계

1, 2차 중간 보고에 대해 상사의 피드백이 잘되었다면 3차는 최종 점검 단계로 보면 된다. 문서를 작성할 때 내가 '뺄까 말까'를 고민했던 부분, 보고서의 Key Message(주제)에 대한 표현 등을 상사와 동기화하면 자신 있게 보고서를 마무리할 수 있다.

보고 프로세스 로드맵에서 중간 보고가 필요한 시점

보고 마감 시간이 긴 보고, 프로젝트, 기획서, 제안서도 중간 보고는 필수!

중간 보고를 1, 2, 3차로 나누었지만, 보고 마감 시간이 긴 보고나, 프로젝트, 기획서, 제안서 등은 '내가 이 업무를 잊지 않고 차근차근 잘하고 있으니 안심하십시오'라는 의미로 중간 보고를 해주는 것이 좋다. 몇 달에 걸친 업무라면 주 1회, 한 달 이내 업무라면 주 1~2회 정도 보고서 진행 상황을 알려주면 좋다. 물론 횟수에 구애받을 필요는 없으며, 매출, 시청률, 판매 실적 등 팀 또는 부서 목표가 일별로 업데이트되는 사항은 보고 주기를 일별로 짧게 가져가면 된다.

불필요한 중간 보고는 보고자의 책임과 권한을 축소시키고 독창성을 저해한다?

한편 중간 보고가 보고자의 책임과 권한(Empowerment)을 축소시키고 직원의 독창성을 저해한다는 의견도 있다. 하지만 중간 보고를 하며 작성한 보고서가 상사의 의도와 불일치할 수 있는 불확실성을 최대한 줄이고, 보고 후 수정 또는 재작성해야 하는 비효율을 최소화하는 것은 당연하다. 이는 중간 보고는 선택이 아닌 필수라는 말로 설명할 수 있다. 보고자는 지시를 받은 사람으로서, 상사는 지시를 내린 사람으로서 해야 하는 하나의 의무이기도 하다.

연차가 쌓이고 보고서에 자신감이 생기고, 상사의 지시가 무엇을 의미하는지 보고의 목적을 상사의 입장에서 생각하는 능력이 생긴다면 필요할 때만 중간 보고를 하면 된다. 중간 보고 타이밍과 스킬이 쌓여 보고서 작성이 나의 어려움이 아니게 되고 어느 순간 나의 장점과 능력으로 점점 바뀔 수 있다.

Reporting
Revolution

6장

보고서의 완성도를 높이는 다양한 구성 기술

제목으로도
평가된다

회사의 규모와 문화, 업종, 담당 업무마다 차이는 있을 수 있지만 보통 하루에 최소 20개에서 최대 50개 이상의 업무 이메일을 받게 된다. 직급이 올라갈수록, 리더일수록 이메일의 양은 당연히 늘어날 것이다.

20개 기업 일잘러 팀장에게 얻는 보고 노하우

2장의 설문에 참여한 현대카드 L팀장은 필자와의 인터뷰에서 "이메일이 너무 많이 와서 솔직히 이메일 제목이 눈에 띄지 않으면 스킵하고 시간 많을 때 확인한다. 반대로 이메일 제목이 눈에 띄거나 중요한 내용인 것 같으면 무조건 클릭한다. 그래서 팀원들에게도 이메일 제목이 중요하다고 누차 강조한다."고 말했다.

이메일로 보고서 작성 시 제목은 보고서의 방향성을 보여주는 보고의 핵심 내용을 적어야 한다. 긴급하게 또는 매우 중요한 보고라면 반드시 제목 앞에 긴급을 알리는 단어를 추가해주면 피보고자가 쉽게 파악할 수 있다.

실무에 바로 써먹는 보고서 제목 작성법

> 보고서의 제목은 [목적 + 범위] 또는 [문제 + 해결 방안 / 조치 요청]으로 구성
>
> ▶ 제목 구성 = (구체적) 목적 (수치적) 범위
>   = (구체적) 문제 + (문제) 해결 방법 / 조치 요청
> ▶ 기본 구조(포맷) : ~을 위한 / 통한 ~계획 / 방안
>
> ➡ 핵심 키워드 중심으로 보고 목적 파악 가능 표현

보고서의 종류와 주제에 따라 수치화할 표현이 없다면 보고 목적을 파악할 수 있는 핵심 키워드 중심으로 제목을 작성하면 된다. 아래의 예시를 보면 어느 제목이 상사 또는 이메일 수신자에게 더 주목도 있게 느껴지는지 알 수 있을 것이다.

- 24' Q4 목표 달성을 위한 판매 프로모션 안
- 24' Q4 목표 달성을 위한 500억 판매 프로모션 안(Q3 마감 목표 대비 +72.4%)

대부분 첫 번째 제목을 사용한다. 그러나 두 번째 제목에 핵심 키워드가 들어가 있어 눈에 잘 띈다. 목적을 수치화할 수 있으면 제목에 포함하고, 그렇지 않으면 핵심 키워드를 통해 내용을 파악할 수 있게 하는 것이 좋다.

- (롯데백화점 동탄점) 리뉴얼 오픈 매출 타깃을 위한 프로모션 계획 건
- (롯데백화점 동탄점) 리뉴얼 오픈 매출 타깃(오픈 월 7천만 원)을 위한 프로모션 계획 건(2024.08.01~31)

두 제목 모두 제목 구성 원칙에 따라 잘 작성하였다. 계획 보고서라 구체적인 수치가 없을 수 있지만, 계획한 프로모션 기간의 숫자를 구체적으로 추가한 제목이 그렇지 않은 제목보다 훨씬 더 눈에 띈다. 뿐만 아니라 타깃 금액과 명확한 기간을 명시함으로써 보고서 제목의 완성도를 높인다. '쓰나 안 쓰나 별 차이 없는 거 아니야?'라고 생각할 수 있다. 그러나 큰 차이가 없어 보일지 몰라도 상사, 피보고자를 위해 제목을 꼼꼼히 작성한 작성자에게 더 좋은 평가를 준다.

- [중요보고] SS23 재고(1,230억) 소진을 위한 제품별 할인율(30~50%) 확인 요청 건
- [긴급보고] 전사 시스템 오류로 인한 비상 프로그램 시행(9/1~9/3) 여부 확인 요청 건

'나는 이메일을 보냈으니까 이제 할 일을 다 했어. 뭐 안 읽은 팀장 탓이지 왜 내 탓이야?'라고 생각한다면 생각을 바꿔야 한다. 긴급히 처리해야 할 나의 보고서 속 요청 사항이 처리되지 않아 더 많은 양의 일 처리를 해야 하는 상황은 경력 있는 회사원이라면 누구나 겪어보았을 것이다. 따라서 위의 두 제목처럼 중요하거나 긴급한 보고인 경우에는 '[중요보고]', '[긴급보고]' 등을 제목 앞에 붙여주는 것이 좋다.

이어지는 내용을 살펴보면 제목이 왜 중요한지, 별것 아니라고 생각했던 제목이 얼마나 다양한 역할을 하고 있는지 알 수 있을 것이다.

- **내용 파악** : 수신자는 제목을 통해 그 이메일이 어떤 내용인지 파악할 수 있음.

- **중요성 또는 긴급성 강조** : 제목 앞에 중요 또는 긴급 등 표현을 통해 수신자에게 급한 사안임을 강조함.

  ㉘ [중요], [[매우 중요]], [[[긴급]]], (확인요청), ((중요 확인요청)), (((긴급 확인요청)))

- **스킵 방지** : 제목이 모호하거나 내용 파악이 어려운 제목의 이메일은 급하지 않은 이메일로 오인될 가능성이 있음.

- **검색 용이성** : 제목은 나중에 이메일을 찾을 때 검색어로 활용됨. 핵심 내용이 포함된 제목을 사용하면 필요할 때 빠르게 찾을 수 있음.

- **본인만의 제목 패턴** : 글자 수가 한정되어 큰 차이를 만들 수는 없음. 하지만 작은 차이로 나만의 이메일 제목 패턴을 만들 수 있으며, 수신인은 제목으로 발송인과 이메일의 중요도를 파악할 수 있음.

지금 사내 메일함을 확인해보자. 누군가는 이미 그렇게 하고 있다. 아무도 하지 않고 있다면 내가 먼저 하면 된다. 작은 차이가 평가에서 큰 역할을 한다.

보고는
숫자다

기업

최소 비용 최대 효과
(Cost Effectiveness)

수익 창출

표현 언어 = 숫자

　　회사에서 숫자는 상상 이상의 중요성을 가지고 있으므로 보고에서 숫자의
역할과 기능에 대해 좀 더 알아보겠다. 회사는 Cost Effectiveness, 즉 최소
비용 최대 효과에 따라 수익 창출을 목적으로 하는 곳이다. 다시 말해, 돈을 쓰
면(비용)서 우리가 기대한 만큼의 이익을 남기기 위해 치열하게 운영하는 것이
다. 이때 회사에서 일어나는 대부분의 일은 숫자로 표현될 수밖에 없다. 회사의
시작과 끝이 숫자라고 해도 지나치지 않다. 우리는 목표 매출을 달성하기 위해
일하고, 그 모든 과정은 숫자로 표현되기 때문이다.

- 제품을 만들기 위해 얼마가 들어가나?
- 제품을 팔기 위한 적정한 판매가는 얼마인가?
- 제품의 판매 목표는 얼마인가?
- 제품을 잘 팔기 위해 얼마의 마케팅 비용이 들어가나?
- 제품의 판매 매출은 얼마이고, 마진은 얼마인가?
- 제품은 목표 대비 몇 % 판매율을 기록하였는가?
- 해당 제품을 추가 생산해야 하는 시기는 언제인가?

결국 회사는 돈, 수익을 내기 위한 곳이기 때문에 숫자로 표현돼야 한다. 또한 조직의 의사결정과 판단은 돈, 수익을 표현하는 숫자가 기반된다.

회사에서 발생하는 문제 중 정량적 측정이 가능한 것은 그 상황을 숫자로 파악하고 분석한다. 그런 다음 조치와 개선을 통해 성과나 결과를 숫자로 표현해야 목표 달성 여부를 파악할 수 있다. 그뿐만 아니라 수치는 애매한 표현을 구체화한다.

 1 팀장님, 지금 신제품이 너무 잘 판매됩니다. 분위기가 아주 좋습니다.

 2 팀장님, 신제품 판매가 어제 기준 5,200백만 원입니다. 곧 완판 예정입니다.

 3 팀장님, 지난주 출시된 신제품 판매가 7일간, 10월 4일 어제 기준으로 5,200백만 원입니다. 판매율 75%로 2일 이내로 완판 예정입니다. 목표 대비 10일 빠른 수치입니다.

1은 잘못된 보고이다. 비교 기준이 없을 뿐만 아니라 보고서에 형용사나 부사를 쓰게 되면 수신자는 모호함을 느낀다. 수치로 구체화해야 하는 이유다. **2**는 매출이 들어갔지만 기간에 대한 기준이 없고 곧 완판이 언제를 의미하는지 기준이 없다. **3**의 보고가 수치를 통한 모호함을 없애고 구체적인 결과를 전달한다.

구두 보고나 서면 보고에서 **1**, **2** 같은 보고를 한다면 분명히 그 보고를 받은 상사는 추가 질문을 할 수밖에 없다. 수치뿐만 아니라 기준이 불명확하기 때문이다. 그러나 보고를 디테일하게 수치화한다면 상사는 추가 질문을 할 필요가 없어진다. 상사가 보고에 대해 질문을 한다는 것은 내 보고가 논리적이지 못해 이해가 되지 않았음을 의미한다.

📋 형용사, 부사 → 구체적 데이터

- 대부분의 온라인 고객 중 → 86% 온라인 고객 중
- 클레임이 상당히 감소하였다. → 클레임이 전 달 대비 −35% 감소하였다.
- 이 제품은 러닝하는 소비자에게 매우 좋다. → 이 제품은 200g의 초경량 운동화이면서 실험 결과 발의 피로도를 기존 제품 대비 20% 줄여줘서 러닝하는 소비자에게 매우 좋다.

숫자는 누구에게나 동일한 의미와 해석을 가능하게 한다. 이는 모호함을 없애고, 객관화된 사실을 보여주는 것이다. 숫자가 포함된 표현은 명확하고 설득력을 높여준다. 그렇기에 숫자로 표현할 수 있는 부분과 숫자로 표현해야 하는 부분은 최대한 숫자로 표현해야 한다.

보고는 스킬이다① :
비교/변화/정의

설득력 있게 말을 잘하는 사람을 유심히 살펴보면 비유, 직유, 은유, 포즈, 강조, 설득 기법 등 다양한 말하기 기법을 사용한다. 보고도 마찬가지다. 보고에 필요한 스킬을 적재적소에 사용할줄 알아야 한다. 그래야 강력한 설득 효과, 다양한 상황에 대응, 대상자의 눈높이에 맞추기(Wants) 등으로 효과적이고 완성도 높은 보고서를 작성할 수 있다. 지금부터는 보고서의 완성도를 높이는 다양한 스킬을 실무 사례와 함께 알아보겠다. 먼저 '비교', '변화', '정의'에 대해 알아보자.

비교

> **비교**(比較) 「명사」 둘 이상의 사물을 견주어 서로 간의 유사점, 차이점, 일반 법칙 따위를 고찰하는 일

"와! 이 옷 너무 예쁘지 않아? 우리가 지금까지 본 옷 중에 디자인이나 디테일이 가장 예쁜 거 같아!" 일상에서와 마찬가지로 보고서에서 가장 많이 쓰이는 구성 기술이다. 비교가 보고서에 가장 많이 쓰이는 이유는, 비교를 통해 현상을 분석하고 판단하며 의사결정을 더 논리적으로 할 수 있게 해주기 때문이다.

- 이번 달 매출이 경쟁사보다 얼마나 오르고 있는지?
- A, B, C 대안 중 어느 안이 비용 대비 가장 효율적인지?
- 지금 우리가 목표 대비 몇 %를 진행했는지?
- 소비 트렌드가 최근 2년에 비해 어떠한 특징이 있는지?
- 우리 프로그램이 경쟁사에 비해 얼마나 비싼지?

우리는 이미 비교를 통해 세부 사항, 패턴, 트렌드, 경향성 등을 파악하고 있고, 미래를 예측한다. 의사결정에 중요한 '비교'를 사례를 통해 알아보자.

실전 보고서 예시

홍대 매장 오픈(2025. 04. 20)을 위한 운영 벤더 선정 건

점포개발(2024. 10. 10)

1. 결론(What)

→ B Sports 벤더사 : 총점 283점으로 나머지 벤더보다 운영 능력 높음

---

2. 이유 및 근거(Why)

(단위 : 점)

평가 항목	가중치(%)	A사	B사	C사	D사
매장 관리	40%	88	98	95	99
운영 매장 수	10%	13	10	20	15
Finance	25%	80	85	75	73
하이라이트 제품 도입률	25%	85	90	88	93
총점	100%	266	283	278	280

* 평가 기간 : 2023. 08~2024. 07(1년간)

3. 매장 오픈 진행 계획(Notice-Appendix)

일정안

매장 오픈에 따른 운영 벤더를 선정하는 검토/의견 보고서이다. 총 4개의 벤더사 중 여러 평가 항목의 점수를 '비교'해서 총점이 가장 높은 벤더를 선정하였다. 보고서에서 비교를 통한 의사결정은 아래의 중요한 장점이 있다.

- 대안의 강점과 약점을 명확히 파악(정보 수집 및 분석)
- 가중치 부여를 통한 비교 항목의 중요성 및 우선순위 파악(논리적 판단)

- 여러 대안의 항목별 분석을 통한 플랜 B, C 옵션 가능(단일 대안에 의존하지 않음)
- 항목별 동일한 기준의 분석을 통한 투명성 확보(의사결정에 대한 합리적 근거)
- 대안의 장단점 파악을 통한 장점 교류 또는 긍정적 경쟁 효과 기대(상호 협력)

	인스타그램 릴스	유튜브 쇼츠	틱톡
1회 시청 시 콘텐츠 개수 (1회 평균 / 개)	10.6개	11.0개	15.4개
시청 숏폼 콘텐츠 길이 (1회 시청 / 초)	33초	41초	61초

▲ 숏폼 채널 이용 행태 비교[1]

위의 예시를 보면 세부 항목에 대한 비교를 통해 3개의 숏폼 채널 중 어느 채널의 1회 시청 시 콘텐츠 개수가 많은지, 시청 길이가 더 긴지 명확히 드러난다. 물론 해당 자료만으로 어느 채널이 더 인기가 있는지는 알 수 없지만 대략적인 채널의 특징은 명확하게 알 수 있는 비교 자료이다.

변화

변화는 비교와 마찬가지로 보고서에 많이 쓰이는 구성 기술이다. 보고의 목적 자체가 현 상황을 더 좋은 상황으로 변화시키기 위해 여러 방안을 기획하고 제안하는 것이기 때문이다. 특히 보고서 구성 요소 B2WHEN의 Effect는 변화를 '기대 효과'라는 구체적인 표현으로 나타낸다.

'비교'는 2개 이상의 대상을 분석하여 유사나 차이 등을 평가하는 반면, '변화'는 기본적으로 시간의 변화에 따라 대상의 변동 값을 분석하는 데 사용된다.

📋 **변화의 표현**

- 기존 → 변경
- 현재 → 개선
- 현행 → 확대

- 변경 전 → 변경 후
- As is → To be
- Before → After

'변화'의 구성 기술을 사용한 예시를 다음 사례로 알아보자.

실전 보고서 예시

자사 홈페이지 UI/UX 리뉴얼 결과 보고(2024. 07~12) 건

마케팅팀(2025. 01. 06)

1. 결과 및 이유(What + Why)

▶ UI/UX 변경 전후 비교(vs 2023 동 기간)

항목(단위)	변경 전 2023. 07~12	변경 후 2024. 07~12	변경 전 vs 변경 후
유입수(명)	13,804	22,770	165%
클릭 수(회)	5,490,000	9,840,500	179% ★
고객 잠재 시간(분)	607,800	889,300	146%
판매 전환률(%)	12%	18%	150%
판매 개수(개)	12,325	20,330	165%
판매 금액(원)	653,400,000	1,055,350,000	162%

→ 사용자 친화적인 디자인과 편리성으로 고객 유입 및 클릭 수 증가로 매출 증대

여기에 변화의 종류 중 시간 경과에 따른 (진행) 과정도 변화의 중요 구성 기술이다.

정의

당연한 이야기지만 회사에서 업무적으로 사용하는 단어 또는 보고서에서 사용하는 단어의 뜻을 정확히 아는 것은 매우 중요하다. 나와 상대방의 용어 정의가 서로 다르면 논리적 전달이 불가능하기 때문이다. 그렇기 때문에 사람마다 다르게 해석될 수 있는 단어, 새로운 기술이나 프로그램 등의 용어, 일반적으로 알기 어려운 전문 용어, 신조어, 조직 내에서 사용하는 축약어, 함축적 의미가 있는 용어 등은 반드시 그 뜻을 설명해야 한다. 여기서 조금 더 범위를 확장한다면 용어 또는 상황에 대한 해설을 필요에 따라 포함해야 한다.

회사의 팀장, 부서장, 임원, 대표라도 현업과 시장에서 일어나는 모든 용어와 보고서에 쓰인 함축적 의미의 단어를 다 알 수 없다. 만약 상사가 당연히 알고 있을 용어라도 한 번 더 적어준다면 '용어의 의미까지 챙기는 일 잘하는 직원'이라는 칭찬 포인트가 추가될 것이다.

에어부산, 24시간 응대하는 '챗봇 서비스' 시작

○○○○ ○○○ 기자
입력 XXXX-XX-XX 14:10

▲ 에어부산, 24시간 응대하는 '챗봇 서비스' 시작[2]

　최근 에어부산은 24시간 운영하는 '에어부산 챗봇 서비스'를 신규 오픈했다. 잠시 우리가 에어부산의 직원이라 생각하고, 챗봇 서비스를 위한 제안/요청 보고서를 쓴다고 생각해보자.

결론(What)

▶ 챗봇 서비스* 도입을 통한 서비스 품질 재고 및 CS 인력 대체를 통한 비용 절감 가능
　(기존 대비 연 -20% 절감)

* 챗봇 서비스 : 인간의 대화(서면 또는 음성)를 시뮬레이션 하고 처리하는 컴퓨터 프로그램

　에어부산에서 챗봇 서비스를 위한 제안/요청 보고서를 쓸 때 결론(What)은 '챗봇 서비스'를 통한 기존 서비스 품질 제고와 비용 절감(예 -20%) 등일 것이다. 이때 '챗봇 서비스'의 정의를 이미 잘 알고 있는 사람은 쉽게 보고서를 이해할 수 있지만 '챗봇 서비스'를 처음 들어보았거나, 들어보기는 했는데 명확히 어떤 의미와 기능을 하는지 잘 모르는 사람도 분명히 있을 것이다.

여기서 잠깐! 정의는 단어나 용어만 포함하는 것이 아니다. 전문적 배경 지식, 새로운 개념과 트렌드, 일반적으로 잘 알려지지 않은 설명이 필요한 사항, 피보고자가 궁금해할 사항 등에 대해서도 추가로 설명하는 것이 좋다. 혹시 '설마 팀장님이 이 개념을 모르시겠어?'라는 생각이 들어 추가 설명을 '쓸까 말까' 할 때는? 그냥 써라! 팀장이 알고 있더라도 꼼꼼하게 챙기는 팀원의 이미지를 만들 수 있다.

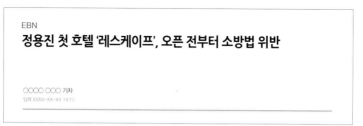

▲ 정용진 첫 호텔 '레스케이프', 오픈 전부터 소방법 위반[3]

한 가지 사례를 더 살펴보자. 과거 신세계그룹 정용진 부회장이 운영하는 첫 호텔이 오픈 전부터 소방법 위반 논란에 휩싸인 적이 있다. 잠시 우리가 해당 호텔을 관리하는 직원이라 생각하고, 상황/문제 파악 보고서를 쓴다고 생각해보자.

조치 방안(How)

1) 전 매장 소방법에 의거한 전 매장 진열 가이드 배포(~08/15)

* 참고) 소방시설에 대한 관리점검에 관한 소방법 :
  첫째, 피난시설, 방화구획 및 방화시설을 폐쇄하거나 훼손하지 않는다.
  둘째, 영업장 내 모든 소방 시설을 주기적으로 관리·점검한다.
  셋째, 연소 확산을 막는 방화문을 항상 닫힌 상태로 유지한다.
  넷째, 대피로가 되는 계단이나 복도에는 화물, 장애물을 적재하지 않는다.
  다섯째, 연소 확산을 방지하기 위해 객실 문은 항상 닫혀 있는 상태로 관리한다.

소방법 위반으로 인해 과태료가 부과될 상황이라면 상황/문제 파악 보고서를 통해 어떤 사항이 과태료 부과 사항인지, 그렇다면 과태료는 얼마가 예상되는지, 과태료 부과 전 시정 조치를 통해 과태료 부과를 막을 수 있는지의 내용이 들어갈 것이다. 이 경우는 보고서의 특정 단어가 아닌 소방법에 대한 정의가 포함되어야 한다. 이는 보고를 받는 상사의 이해를 돕고, 차후 호텔 지침 또는 가이드 배포 시에도 해당 내용이 포함될 것이다.

이렇게 '정의'는 용어의 정의뿐만 아니라 정책, 기준이나 근거에 대한 설명 또한 보고서의 이해와 객관성을 높이는 역할을 한다.

'정의'의 효과를 정리하자면 단어와 정책, 기준이 불명확한 기술로 오해와 잘못된 해석을 방지하고 이해하기 어려운 내용을 설명하는 것이다. 이는 피보고자와 보고서 수신자 전원이 동일한 해석이 가능하다는 점이다. 뿐만 아니라 위의 사례에서도 알 수 있듯이, 법적 측면의 명확한 기준을 알 수 있고, 보고의 전문성이 강화되는 장점도 있다.

보고는 스킬이다② :
유형/그래프/예시/데이터

보고서의 완성도를 높이는 다양한 기술인 '유형', '그래프', '예시', '데이터'를
사례와 함께 알아보겠다.

유형(범주화)

유형이란 동일한 특징이나 공통점이 있는 것끼리 묶는 것이다.

> **유형**(類型) 「명사」 ① 성질이나 특징 따위가 공통적인 것끼리 묶은 하나의 틀. 또는
> 그 틀에 속하는 것
> ② 유개념의 하나. 단순한 추상 개념이 아니고 어떤 현상의 공통적 성질을 형상으
> 로 나타내며, 추상적인 보편성과 개별적인 구체성이 통일되어 있는 것을 이른다.

다음은 우리가 잘 아는 분석 유형 SWOT이다. 강점(Strength), 약점(Weakness), 기회(Opportunity), 위협(Threat)의 머리글자를 모아 만든 단어로 경영 전략 등을 수립하기 위한 분석 도구이다. 대부분 한 번쯤은 업무에 활용한 경험이 있을 것이다. 4면에 분석한 대상의 내용을 우선순위로 적으면 된다. 아주 간단하다. 그러나 오프라인 보고서 작성 수업에서 SWOT을 대학생 또는 직장인에게 시켜보면 의외로 제대로 하는 분들이 적다.

이유는 유형을 구분해서 분석하지 않고 그냥 4가지 카테고리에 맞게 그 특징을 적기 때문이다.

SWOT은 명확하게 유형(범주화)을 나누고 있다. '강점을 포함해 도움이 되는(S, O) ↔ 약점을 포함해 위협이 될 수 있는(W, T)', '내부 요인(S, W) ↔ 외부 요인(O, T)'으로 유형의 기준을 명확히 인지하고, 분석 도구를 사용해야 한다.

여기서 유형을 나누는 이유는 무엇일까? 예를 들어 내가 다니는 회사의 미래 먹거리를 찾기 위해 회사 SWOT 분석을 한다고 가정해보자. 우리 회사는 '트렌드에 맞는 신제품 지속 출시'의 특징이 있을 때 '내부 요인(S, W) ↔ 외부 요인(O, T)'의 범주화가 없다면 이 특징이 S인지 O인지 헷갈릴 수 있다. 장점이 될 수도 있고 시장에서의 기회 요소가 될 수 있기 때문이다. 그러나 '내부 요인(S, W) ↔ 외부 요인(O, T)'의 범주화를 적용하면 매우 심플하다.

- **내부 요인(S)** : 트렌드에 맞는 신제품 지속 출시 가능(기획 및 생산라인)
- **외부 요인(O)** : 남성 화장품 시장 확대에 따른 트렌디한 제품 출시로 시장 확대 기회

이렇게 유형을 구분하는 것은 나열식에 비해 구성이 편리할 뿐만 아니라 보고서의 가독성을 높이고 상사의 이해도 및 내용의 명확성이 크게 올라간다.

범주화 항목 → 같은 특징, 공통점으로 분류

소재	매출 / 비용 / 기대 효과
시간	일일, 주간, 월간 / 과거, 현재, 미래 / 장기, 중기, 단기 / 적용 전, 적용 후
지역	서울 / 경기 / 수도권 / 그 외
상세성	주요 항목, 세부 항목
정보 성격	정량적, 정성적 / 의무, 선택 사항
가중치	매우 중요, 중요, 보통 / 주력, 비주력
평가	긍정, 부정 / 장점, 단점
순위	상(위), 중(위), 하(위) / 최고, 최하
크기	전체, 부분

실전 보고서 예시

홍대 매장 오픈(2025. 04. 20)을 위한 운영 벤더 선정 건

점포개발(2024. 10. 10)

1. 결론(What)

→ B Sports 벤더 사 : 총점 283점으로 나머지 벤더보다 운영 능력 높음

2. 이유 및 근거(Why)

(단위 : 점)

평가 항목	가중치(%)	A사	B사	C사	D사
매장 관리	40%	88	98	95	99
운영 매장 수	10%	13	10	20	15
Finance	25%	80	85	75	73
하이라이트 제품 도입률	25%	85	90	88	93
총점	100%	266	283	278	280

* 평가 기간 : 2023. 08~2024. 07(1년간)

매우 중요	매장 관리
중요	Finance / 하이라이트 제품 도입률
보통	운영 매장 수

그래프

지금 혹시 회사 문서에 접근할 수 있다면 몇 개의 문서를 열어 그래프가 있는 글과 그렇지 않은 글을 한번 비교해봐라. 내용의 중요성은 잠시 기준에서 배제하고, 둘 중 어느 글이 더 전문적으로 보이는가? 그래프가 있는 글은 당연히 그래프의 수치가 정확하고 글에서 말하고 있는 Key Message(핵심 메시지), 해결 방법(How)의 근거로 그래프를 사용했다는 가정하에 하는 이야기다. 아마도 후자일 것이다. 그래프의 토대가 되는 근거 데이터는 숫자이다. 근거 데이터와 분석의 오류가 없다면 숫자는 가장 믿을 수 있는 근거라고 이미 밝혔다.

---

2. 이유 및 근거(Why)

① 쿠팡, 네이버 쇼핑 주요 온라인 쇼핑몰 중 점유율 1, 2위
② 쿠팡, 네이버 쇼핑 22년 대비 2023년 이용객 증가 / 온라인 쇼핑몰 중 유일 성장
→ 쿠팡, 네이버 쇼핑 입점 후 매출 확인 후 차후 타 쇼핑몰 입점 여부 확인 예정
  (2024. 06월 마감 후 / 입점 6개월 경과 후 매출 보고 예정)

▲ 그래프가 없는 보고서

2. 이유 및 근거(Why)

① 쿠팡, 네이버 쇼핑 주요 온라인 쇼핑몰 중 점유율 1, 2위
② 쿠팡, 네이버 쇼핑 22년 대비 2023년 이용객 증가 / 온라인 쇼핑몰 중 유일 성장
→ 쿠팡, 네이버 쇼핑 입점 후 매출 확인 후 차후 타 쇼핑몰 입점 여부 확인 예정
　(2024. 06월 마감 후 / 입점 6개월 경과 후 매출 보고 예정)
참고 자료) 6개 주요 온라인 쇼핑몰 이용 점유율(%)[4]

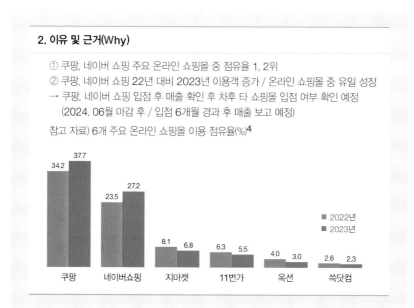

▲ 그래프가 있는 보고서

그래프를 하나만 추가하더라도 확실히 달라 보인다. 내용의 이해가 빨라질 뿐만 아니라 시각적으로도 보고서 레이아웃의 완성도를 높여준다. 보고에 그래프를 사용하면 전문적으로 보이는 효과뿐만 아니라 다음과 같은 중요한 장점도 얻을 수 있다.

- **시각적 이해** : 결과치와 복잡한 설명, 정형화된 양식, 그리고 패턴 및 추세를 분명하고 간결하게 나타냄.
- **데이터 비교와 분석** : 데이터의 패턴, 차이, 관계를 쉽게 비교하고 분석할 수 있도록 도와줌. 여러 그래프를 함께 사용하여 다양한 변수 간의 상호작용과 영향을 시각적으로 확인할 수 있음.

- **추세와 변화 포착** : 그래프를 사용하면 데이터의 추세와 변화를 효과적으로 보여줄 수 있음. 시간에 따른 변화, 성장 또는 감소 추세 등을 그래프로 표현하여 정보를 빠르게 전달할 수 있음.
- **강조 효과 및 설득력 강화** : 보고서의 핵심 내용인 Key Message 또는 그를 뒷받침하는 근거를 강조하기에 효과적임. 뿐만 아니라 보고의 내용을 더 효과적으로 전달하고 설득력을 높여줌.
- **의사결정 지원** : 피보고자의 이해를 도와 의사결정을 하는 데 도움을 줌. 데이터의 흐름과 패턴을 파악하면 보다 효과적인 의사결정을 내릴 수 있음.

생각보다 그래프의 영향력과 중요성이 크다는 것을 알았다. 그럼 이제 어떤 상황에, 어떤 그래프를, 어떻게 사용하는지 활용법을 알아보겠다.

첫 번째, 그래프로 표현할 메시지를 정해야 한다. 두 번째, 해당 메시지의 전달 포인트를 찾아야 한다. '전달 대비 매출 상승 %'를 보여줄지, '금년 매출 상승의 추이'를 전달하고 싶은지, '우리 브랜드의 시장 점유율은 전년 대비 몇 %인지' 등 전달하고 싶은 포인트를 찾는다. 세 번째, 메시지의 전달 포인트를 찾아 가장 적합한 유형의 그래프를 찾아 만든다.

항목 차이 비교 | 항목 순위 비교 | 시간 추이 비교 | 항목 구성 비교 | 항목 분포 비교

많은 종류의 그래프가 있지만 대표적인 5가지 유형의 그래프를 알아보자.

항목 차이 비교(세로막대 그래프)

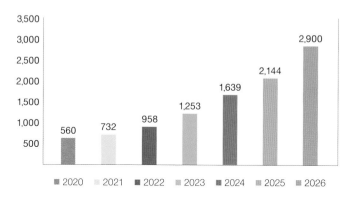

▲ 세로막대 그래프 예시. 세계 소셜 커머스 매출 가치(단위 : 10억 달러)[5]

세로막대 그래프는 보고서에서 가장 많이 쓰이는 그래프로 항목 간 빈도수, 비율의 차이를 강조하거나 시간에 따른 변화를 비교할 때 주로 사용된다.

항목 순위 비교(가로막대 그래프)

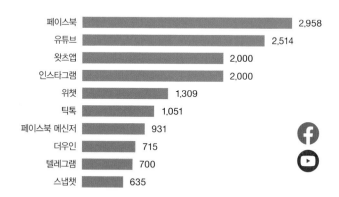

▲ 가로막대 그래프 예시. 2023년 글로벌 SNS 사용자 수 Top 10(단위 : 백만 명)[6]

가로막대 그래프는 세로막대 그래프에 비해 표시 항목의 개수가 많을 경우 (주로 7개 이상) 사용한다. 주로 항목들의 크기나 수량의 순위를 비교할 때 사용된다.

시간 추이 비교(꺾은선 그래프)

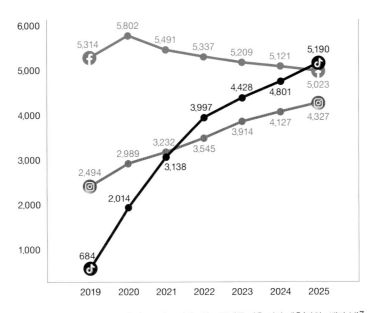

▲ 꺾은선 그래프 예시. 2025년 미국 3대 소셜네트워크 플랫폼 이용 시간 예측(단위 : 백만 분)[7]

꺾은선 그래프는 시간의 경과에 따라 대상 증감을 나타낸다. 항목의 미래 예측 데이터를 강조하는 데 효과적이며 주로 항목의 성장세나 하락세를 표현할 때 사용된다.

항목 구성 비교(원 그래프)

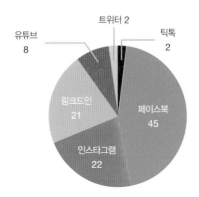

▲ 원 그래프 예시. 2023년 마케터에게 가장 중요한 글로벌 SNS(단위 : %)[8]

원 그래프는 대상들의 구성 비중을 전체 몇 %인지 백분율로 나타내는 그래프이다. 특히 특정 항목의 점유율을 강조할 때 쓰이며, 강조하고자 하는 항목이 타 항목보다 두드러지게 높은 점유율을 가지고 있을 때 효과적이다.

항목 분포 비교(누적 막대 그래프)

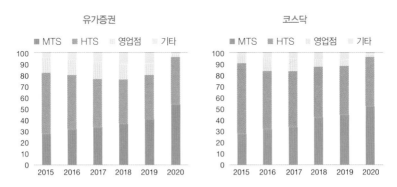

▲ 누적 막대 그래프 예시. 개인 투자자의 거래 수단별 비중 추이(단위 : %)[9]

누적 막대 그래프는 시간 흐름에 따른 특정 항목 구성 점유율 변화를 나타내는 그래프로, 원 그래프 다음으로 비중을 나타낼 때 많이 쓰인다. 각 항목의 상대적인 변화량을 파악하는 데 효과적이다.

그래프 활용 시 주의 사항

누가 보더라도 내용을 한눈에 알 수 있는 그래프가 있다. 그러나 보고서에 삽입한 본인도 '이 그래프가 의미하는 것이 무엇인지' 헷갈리는 경우가 있다. 또 반드시 필요한 그래프지만 해석하기 어려운 그래프도 있다. 먼저 그래프의 제목을 통해 그래프의 키 포인트를 적어준다. 추가로 제목만으로 해석이 어려운 그래프는 반드시 어떤 점이 중요한지 간단한 설명을 추가해야 한다. 해석이 어려운지 쉬운지 판단하기 어려우면 무조건 설명을 추가하는 것을 추천한다.

예시(사례)

기독교의 목회자, 천주교의 사제, 불교의 스님 등 다양한 종교의 지도자들이 공통으로 가장 많이 읽는 책은 무엇일까? 바로 예화집이다. 단어 의미 그대로 예시로 만들어진 책이다.

> **예화집**(例話集) 「명사」 어떤 일의 실례(實例)가 되는 이야기를 모아 엮은 책

왜 그럴까? 그들은 자신이 믿는 종교의 교리를 전파하는 사람이고, 그 교리를 잘 전파하려면 다양한 예시를 통한 설득의 커뮤니케이션 과정이 필요하기 때문이다. 즉, 내 말을 잘 전달하려면 그에 맞는 적절한 예시가 필요한 것이다.

허구로 만들어낸 예시보다 실제 일어난 예시가 더욱 설득력을 높이기 때문이다. 보고서에 경쟁사나 타사의 벤치마킹을 통한 예시를 들 경우가 있다. 이는 이미 검증된 확실한 객관적 증거이기에 주장을 뒷받침하는 강력한 근거가 된다.

여러분이 읽고 있는 이 책도 마찬가지다. 이론을 설명하고 그에 대한 예시를 소개한다. 허구가 아닌 실제 회사에서 일어났던, 일어날 가능성이 높은 예시를 담은 것이다. 설득력을 높이기 위해!

실전 보고서 예시

신의 탑 : 새로운 세계2 런칭 프로모션(2024. 10. 25~11. 24)

마케팅팀(2024. 09. 10)

3. 진행 계획(How)

1) 모바일 프로모션
- 이벤트명 : 카카오 이모티콘 1달 무료 이벤트
- 내용 : 프로그램 다운로드 후 최소 2게임 진행 시 카카오톡으로 무료 이모티콘 발송
- 일정 : 2024. 10. 25~2024. 11. 24(런칭일부터 1달간)
- 예산 견적 : 40,000,000원
- 선정 근거 예시
  → 신의 탑 : 새로운 세계1 런칭 프로모션 결과(해당 이벤트와 스킴 동일)
  프로그램 다운로드 수 : 12,034회(+250% vs 타깃)
  프로그램 매출 : 143,500,235원(+185% vs 타깃)

▲ 보고서에 다양한 예시를 넣은 경우

위 예시는 신뢰성, 객관성, 구체성, 설득력, 현실성 등을 통해 보고서의 내용을 보다 논리적이게 만들어준다. 또한 어떠한 영향력이 미칠 수 있는지 보고자의 올바른 의사결정에도 큰 도움을 준다.

데이터(객관적 근거 / 판단 근거)

　데이터는 보고서의 핵심 메시지에 힘을 실어줄 수 있는 객관적 근거, 즉 누구에게나 입증할 수 있는 팩트여야 한다. 보고서에서 핵심 메시지(Key Message)와 실행 방안(How)이 아무리 좋더라도 그 의견이 옳거나 적합한 근거(이유)를 설명하지 못하면 상사는 이해하기 힘들 것이다. 근거의 종류는 통계 데이터, 연구결과(논문), 조사결과, 경제지표, 과거 사실, 전문가 의견(주장) 등이 있다.

　아래 예시처럼 자칫 핵심 내용과 데이터의 연관성이 낮거나, 보고서의 핵심 내용이 아닌 내용에 데이터를 추가하는 것은 보고서의 신뢰도와 집중도를 낮추기에 주의해야 한다.

---

3. 출시 계획(How)

　1) '잡곡이 들어간 마시는 프로틴' 출시
　　① 타깃 : 20〜30대 근육 운동을 즐기는 젊은 MZ세대
　　　　(통계청 23년 기준, 200만 명 추정)
　　② 선정 이유
　　　• 근손실의 의미를 잘 모르고, 운동 후 프로틴 섭취 중요성을 잘 모름
　　　• 근감소증 : 근육은 40세 기점으로 해마다 1% 줄어들고, 근육량이 급격히 줄어드는 '근감소증' 질환으로 분류(네이버 지식백과)

▲ 보고서에 적합한 근거를 넣지 못한 경우

---

3. 진행 계획(How)

　1) 모바일 프로모션
　　• 이벤트명 : 카카오 이모티콘 1달 무료 이벤트

- 내용 : 프로그램 다운로드 후 최소 2게임 진행 시 카카오톡으로 무료 이모티콘 발송
- 일정 : 2024. 03. 01~31(런칭일부터 1달간)
- 예산 견적 : 40,000,000원
- 선정 근거 예시
  → 신의 탑 : 새로운 세계1 런칭 프로모션 결과(해당 이벤트와 스킴 동일)
     프로그램 다운로드 수 : 12,034회(+250% vs 타깃)
     프로그램 매출 : 143,500,235원(+185% vs 타깃)
2) 프로모션 채널
- SNS : 인스타그램, 유튜브 총 150개 채널

- 선정 이유 : MZ세대 83% 여가 시간 인스타그램, 유튜브 감상 / 사람인 설문 통계 자료(2023. 10. 10)

▲ 보고서에 적합한 근거를 넣은 경우

구글, 네이버, 각종 통계 사이트 등을 통해 관련 데이터 자료를 추가할 때는 반드시 자료의 출처를 밝혀야 한다. 첨부한 자료가 몇 년도 자료인지, 공신력이 있는 기관의 자료인지, 어디서 인용한 자료인지 피보고자는 궁금해할 것이다. 명확한 출처는 보고의 신뢰를 높여준다.

데이터는 핵심 주장을 뒷받침할 뿐만 아니라 궁극적으로 피보고자의 의사 결정에 중요한 근거가 된다. 즉, 여러 대안 중 하나를 선택하기 위한 필수 요소인 것이다. 합리적인 근거 없이 올바른 판단을 내릴 수는 없다.

단문과
개조식

───────────────────────────●

짧은 문장은 잘 읽히고, 주제가 명확하며, 공감이 가는 문장이다.

《나도 한 문장 잘 쓰면 바랄 게 없겠네》(김선영 저, 블랙피쉬, 2021)

이 문장 하나에 중요한 포인트가 많이 있다.

- 잘 읽힘 = 단문
- 주제가 명확 = 키워드를 통한 Key Message 제시
- 공감이 가는 문장 = Key Message를 뒷받침할 수 있는 근거 또는 예시 제시

3SMART의 Simple은 그저 내용을 줄이고 축약하는 것을 의미하지 않는다. Simple은 핵심을 정확히 파악하고 그것을 간결하게 표현하는 것을 의미한다. 단순함의 기본은 단문 표현이다. 단문은 기본적으로 잘 읽히며, 보고서에서 단문은 키워드를 통한 보고의 핵심 메시지 전달 효과를 극대화할 수 있다.

단문과 장문의 차이

인내는 쓰다. 그러나 그 열매는 달다.

VS

우리의 삶은 많은 고난과 역경으로 이루어져 있으며,
그 고난과 역경을 극복하는 과정에서 많은 고통을 경험하지만,
그 어려움을 잘 극복하면 우리의 삶은 기쁨과 보람이라는 큰 결실을
얻게 될 수 있다고 생각한다.

보고서에 이렇게까지 함축적이고 멋진 표현이 필요하진 않지만, 중문이나 장문보다는 단문으로 표현하는 것을 추천한다. 가장 효과적인 글쓰기의 첫째는 '단문' 표현이라는 것을 명심해라.

하나의 긴 문장도 단문으로 쪼개서 말하는 게 전달력과 이해력을 높이는 데 훨씬 효과적이며, 쪼갠 문장은 개조식을 사용하는 게 좋다. 개조식이란 글 앞에 번호 1) 2) 3) 등을 붙여가며 중요한 요점이나 단어를 나열하는 방식을 말한다.

단문을 개조식으로 표현하면 문장이 간결하고 체계적으로 정리되며 전문적인 느낌을 준다. 하지만 중요한 배경 설명이나 부연 설명 등이 빠질 경우 도리어 Key Message(핵심 메시지)를 이해하기 어려울 수 있다는 단점이 있기에 주의해야 한다. 반드시 설명이 필요한 문장을 억지로 단문으로 쓸 필요는 없다는 말이다. 필요하면 문장을 길게 써도 된다. 그러나 가능하면 단문으로 사용하는 게 더 낫다는 것이다.

1. 현황(Background)

상권 쇠퇴 현상(브랜드 & 경쟁사 매장 철수)에 따른 매출 상승 요인 없음 → 차후 매장 철수 고려 필요(6개월 후 추가 보고 예정)

> → 상권 대비 매출이 매우 적고(23년 월 평균 45백만 원), 지출이 지속 높아져(임대료, 인건비, 운영비 등) 비효율 매장(22~23년 BEP −10% 지속 감소)의 P&L 효율이 떨어져 최소 매출 8.5천만 원 이상 필요(P&L Simulation Fcst) (임대료 − 보증금 4억, 월세 1,100만 원 VS 매출 ↓)
>
> 그 이유는 유동 인구는 적지 않으나 상권 쇠퇴(많은 공실)와 소비의 둔화가 두드러짐(해당 근거 참조2.)
>
> * 참조) P&L : Profit&Loss = (매장 운영) 손익

▲ 일반 서술형 표현

1. 현황(Background)

상권 쇠퇴 현상(브랜드 & 경쟁사 매장 철수)에 따른 매출 상승 요인 없음 → 차후 매장 철수 고려 필요(6개월 후 추가 보고 예정)

> 1) 비효율 매장 : 상권 대비 매출이 매우 적고(23년 월 평균 45백만원), 지출이 지속 높아져(임대료, 인건비, 운영비 등) 22~23년 BEP −10% 지속 감소
> 2) P&L 감소 : 최소 매출 8.5천만 원 이상 필요(P&L Simulation Fcst) (임대료 − 보증금 4억, 월세 1,100만 원 VS 매출 ↓)
> 3) 이유 : 유동 인구는 적지 않으나 상권 쇠퇴(많은 공실)와 소비의 둔화가 두드러짐(해당 근거 참조2.)
>
> * 참조) P&L : Profit&Loss = (매장 운영) 손익

▲ 개조식 표현

하이라이트
효과

방대한 자료의 보고서나 논문에서 중요한 부분이 굵게 표시되어 있는 것을 본 적이 있을 것이다. 우리가 시험 공부를 할 때 형광펜으로 중요한 부분을 하이라이트했던 것처럼 보고서에도 하이라이트를 적용하는 것이다. 그런데 신입 사원이나 1~5년 차들이 의외로 이런 생각을 많이 하고 있다.

- 괜히 이 부분에 굵은 표시를 하면 좀 이상하게 생각하시는 거 아냐?
- 안 해도 되는데 굳이 할 필요 있을까?
- 대부분 안 하는 거 같은데 괜히 내가 튀는 거 아니야?

여기에 대한 답변은 '안 하는 것보단 낫다'이다. 보고를 할 때 중요한 부분, 꼭 알아야 하는 핵심 메시지를 강조하면 상사는 중요한 부분에 집중하게 된다.

- **하이라이트 대상** : Keyword / Key Message, 요청 사항, 꼭 알아야 하는 내용(일반적이지 않은 상황이나 특이 사항 등)
- **하이라이트 방법** : 볼드 처리, 글자색, 음영 처리, 밑줄, 글자 기울임, 박스 처리, ★ 또는 ✔ 표시 등

---

2. 결론(What)

1) Viewer : TTL 10,500회 / 브랜드 노출 : 33,100회
2) 고객 유입(vs 전년 동 기간) : TTL 101,555명(vs +220%)/구매 고객 51,300명(vs +153%)
3) 매출 분석(vs 전년 동 기간) : TTL 1,795,500,000원(vs +259%)
→ 브랜드 메인 모델의 브이로그형 유튜브 채널이 2~30대 메인 타깃의 라이프 스타일과 맞아 큰 인기를 끌고 그 인기가 홈페이지 고객 유입과 매출 증가에 큰 영향을 미침

▲ 하이라이트가 없는 보고서

---

2. 결론(What)

1) Viewer : TTL 10,500회 / 브랜드 노출 : 33,100회
2) 고객 유입(vs 전년 동 기간) : TTL 101,555명(vs +220%) / 구매 고객 51,300명(vs +153%)
3) 매출 분석(vs 전년 동 기간) : TTL 1,795,500,000원(vs +259%)
→ 브랜드 메인 모델의 브이로그형 유튜브 채널이 2~30대 메인 타깃의 라이프 스타일과 맞아 큰 인기를 끌고 그 인기가 홈페이지 고객 유입과 매출 증가에 큰 영향을 미침

▲ 하이라이트가 있는 보고서

5. 기타 참고 사항(Notice-Remark)

1) 이벤트 대행사와 이벤트 내용 및 시간 최종 확인(~05. 11)
2) 워크숍 일정 부서원 공유(06. 15)
3) 타 브랜드와 물물교환을 통한 경품 확보 가능 여부 확인(~05. 10)
4) 요청 사항 : ① 본부장님 발표 자료 및 발표 시간 확인(~05. 10)
　　　　　　　② 경품 물품 확보 불가 시 추가 비용(150만 원) 사용 가능 여부 확인

▲ 하이라이트가 없는 보고서

5. 기타 참고 사항(Notice-Remark)

1) 이벤트 대행사와 이벤트 내용 및 시간 최종 확인(~05. 11)
2) 워크숍 일정 부서원 공유(06. 15)
3) 타 브랜드와 물물교환을 통한 경품 확보 가능 여부 확인(~05. 10)
★ 4) 요청 사항 : ① 본부장님 발표 자료 및 발표 시간 확인(~05. 10)
　　　　　　　　② 경품 물품 확보 불가 시 추가 비용(150만 원) 사용 가능 여부 확인

▲ 하이라이트가 있는 보고서

　　너무 많은 내용을 표시하면 하이라이트의 의미가 상실될 수 있을 뿐만 아니라 시각적으로도 매우 혼란스럽다. 따라서 정말 꼭 필요한 부분만 표시해야 한다.

별첨/첨부의
중요한 역할

보고서를 최대한 간결하게 만들어야 하지만 보고서의 Key Message(핵심 메시지)를 강화하고, 그 근거가 될 만한 데이터 또는 Action Plan의 예시나 시안을 보여줘야 할 때는 어떻게 해야 할까? 이때 별첨 또는 첨부를 사용한다. 보고서의 첫 장은 최대한 간단하게 중요 항목들로만 구성하되 나머지 보고의 핵심을 뒷받침하는 자료들은 별첨/첨부를 해주면, 피보고자가 필요 시 별첨/첨부를 통해 내용을 이해할 수 있게 된다.

이메일 보고도 마찬가지다. 각 항목에 필요한 자료를 모두 덧붙여서 피보고자가 내용을 확인하기 위해 스크롤을 여러 번 내리게 하면 절대 안 된다. 이때도 너무나 많은 양의 첨부 파일보다는 최대한 1개의 파일로 정리해서 올리는 것이 좋고, 그게 어려울 경우에는 첨부 파일에도 앞에서 배운 개조식 구성을 활용해 파일을 중요한 순서대로 첨부하는 것이 좋다.

5. 첨부(Notice-Appendix)

1) 자사 홈페이지 변경 시안 및 상세페이지 예시안_2024.07.04
2) 자사 홈페이지 변경 일정표_2024.07.04
3) 자사 홈페이지 변경 시안별 비용견적서 자료_2024.07.04

▲ 개조식 구조로 구성한 첨부 파일

이메일 보고 시 보고와 관련한 다양한 내용의 파일이 첨부된다. 이때 첨부 파일의 이름은 어떻게 하는 게 좋을까? 회사에서 일하다 보면 첨부 파일의 이름을 명확히 하지 않은 경우가 생각 외로 많다. 원자료 데이터(Raw Data)의 파일 이름을 변경하지 않는다든지, 사진 자료의 이름을 변경하지 않는다든지 등 파일명을 보고 어떤 내용의 파일인지 전혀 구분할 수 없게 되는 경우도 많다. 정답은 없지만, 첨부 파일의 이름은 아래의 예시처럼 '구체적인 파일 내용_날짜' 또는 '날짜_구체적 파일 내용'으로 명확히 하자.

- (대구 출장보고서) 상권사진 및 경쟁사매출 현황_20240305
- 20240305_(대구 출장보고서) 상권사진 및 경쟁사매출 현황

내용은 최대한 간결하게, 반드시 필요한 자료는 첨부로!

Reporting Revolution

7장

보고의 핵심은 동일 : B2WHEN 활용법

1페이지 보고서의
정석

1페이지 보고서는 거스를 수 없는 하나의 대세이다. 세상이 점점 복잡해지고 경쟁이 더 치열해져 회사의 리더들이 더 바빠졌다. 사회는 계속 빠르게 변화하기에 빠른 상황 파악과 대처를 위한 1페이지 보고는 시대의 흐름인 것이다.

그러나 보고서를 만드는 우리는 어떨까? 사실 1페이지 보고서가 작성하기 더 힘들다. "1페이지로 간단히 만들면 시간도 절약되고 좋은 거 아니야?"라고 말하는 사람이 있을까? 절대 아니다. 실제로 1페이지 보고서를 만들어본 사람들은 알 것이다. 1시간짜리 영상을 찍어 유튜브에 업로드하기 위해 편집해야 한다면 10분짜리 영상으로 편집하는 게 편할까? 1분짜리 쇼츠 영상으로 편집하는 게 편할까? 당연히 10분짜리 영상일 것이다. 이 말은 짧게 줄이는 것은 그만큼 핵심만 간결하게 표현해서 상대방이 원하는 스타일로 만들어야 한다는 것이다. 아무리 많은 양의 내용도 최대한 콤팩트하게 핵심을 요약해서 짧게 만들라는 것이다.

먼저 일반 보고서와 1페이지 보고서의 차이점을 간단히 알아보자. 다음 표와 같이 1페이지 보고서의 가장 중요한 점은 '결론(What)'이 먼저 나온다는 것이다. 물론 이 내용을 보고받는 상사가 전혀 모를 경우에는 '배경 상황(Background) + 이유(Why)'를 1~2줄로 간단히 적어줄 수 있다. 그러나 1페이지 보고서 특성상 긴급함을 요구하는 문제에 대한 보고 상황이 많기에 앞에서 배웠던 본론, 'What → How'로 시작해 'Effect → Remark / Appendix' 순으로 구성해야 한다.

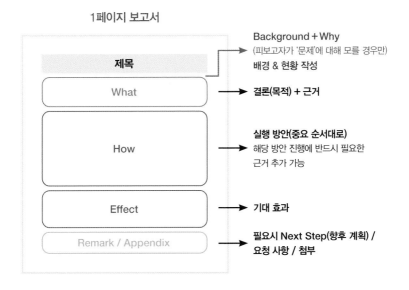

1페이지 보고서

📋 1페이지 보고서의 특징

- 분명한 결론(근거) : 맨처음 작성
- 결론과 맥락에 맞는 실행 방안
- 구체적인 기대 효과
- 키워드 중심의 간결하고 콤팩트한 표현

피보고자 관점에서 한눈에 파악되는 보고서

명확한 목적 + 분명한 결론 + 핵심 키워드 중심 간결한 표현

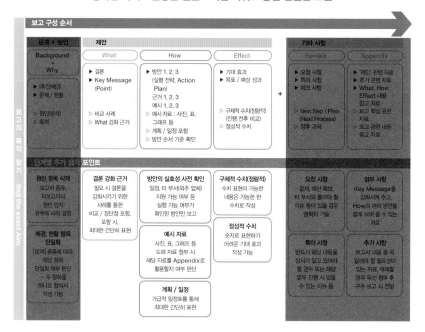

1페이지 보고서의 핵심은 Simple, 즉 핵심 메시지(Key Message)와 하이라이트 포인트를 한눈에 확인할 수 있고 보고받는 피보고자의 집중도를 높일 수 있는 핵심과 간결함이다. 그래야만 피보고자는 보고자의 목적과 논지를 명확하게 파악할 수 있다.

노파심에서 이야기하지만 1페이지로 만들라고 해서 무작정 줄이라는 이야기가 아니다. 정말 꼭 들어가야 하는 내용을 넣어 2페이지가 되는 것은 어쩔 수 없기 때문이다. 단, 핵심 메시지(Key Message) 전달을 위해 반드시 필요한 상세 자료나 근거 자료 등은 첨부(Appendix) 문서로 빼면 된다.

실전에 1페이지 보고서 적용하기

1페이지 보고서의 특징과 구성 요소를 잘 숙지하였을 것이다. 필자가 재직 중인 회사에서 진행되었던 프로모션에 대한 1페이지 보고서를 작성해보자.

부서장님께서 올해 서울 마라톤 대회 전에 탑 티어 5개 매장에서 서울 마라톤과 함께하는 새로운 글로벌 캠페인, 새로 출시되는 adiZero 제품을 홍보할 수 있는 프로모션을 기획하라는 지시가 있었어요. 빠른 보고 요청을 하셨으니 간단히 1페이지로 보고 좀 부탁해요.

실전! 1페이지 보고서

2024 서울 마라톤 PRE-RACE EXPO 기획 건

스포츠 마케팅팀(2024. 01. 08)

1. 결론 및 목적(What)

▶ 대한민국 대표 마라톤 대회인 서울 마라톤의 홍보 시작 및 adidas의 새로운 캠페인 & 런칭 러닝화 홍보

1) 러너 대상 서울 마라톤 참가권을 통한. 다양한 ON / OFF Promotion 진행을 통한 행사 홍보
2) ON / OFF Promotion을 통해 adidas 새로운 캠페인 'YOU GOT THIS' 홍보
3) 매장 내 OFF 체험 이벤트를 통한 adidas New 콘셉트 'adiZero' 기술력 홍보 및 판매 진행
4) PRE-RACE EXPO를 통한 adidas 다양한 러닝 제품 구매 유도 및 서울 마라톤 참가 홍보

2. 진행 계획(How)

▶ Promotion 진행 계획

1) 일정 및 장소 : 2024. 01. 18~29(총 12일간) / 플래그십 매장 등 총 5개 매장
2) Promotion 계획
   - 오프라인 5개 매장
     ① 체험 이벤트 : 착화 이벤트, 사진 모자이크, 3D Foot 스캐닝, MY 프린팅 티셔츠 등
     ② 서울 마라톤 참가권 이벤트 : 'adiZero' 제품 구매 시 참가권 선착순 증정(총 300명)
     ③ 'YOU GOT THIS' 매장 내외부 POP 설치 및 모든 입장 고객 손목 밴드 증정(총 2만 개 선제작)
   - 온라인(자사 홈페이지)
     ① Lucky Draw : 마라톤 참가 신청자 중 Lucky Draw를 통해 일 10명 사은품 증정(총 120개 양말 증정)
     ② 서울 마라톤 참가권 이벤트 : 'adiZero' 제품 구매 시 추첨을 통한 참가권 증정(총 150명)
   → 총 예상 비용 : 150,000,000원(오프라인 : 100,000,000원, 온라인 : 50,000,000원)

3. 기대 효과(Effect)

1) 바이럴 & SNS
   - 인스타그램, 유튜브, 블로그 등 행사 기간 총 1만 게시물 업로드 목표
2) 오프라인 / 온라인 Total(*자세한 수치 자료 첨부)
   - 입점객 목표 : 총 44,000명(전년 동 기간 +220%)
   - 매출 목표 : 총 580,000,000원(전 매장 Total, 전년 동 기간 +180%)
   → TTL 타깃 : SNS 관련 게시물 총 1만 개 & 비용 대비 수익률 253%

4. 첨부(Notice-Appendix)

→ 관련 시안 및 자료, 프로모션 견적, 스케줄표

해당 지시 사항은 프로모션 규모상 어느 정도 분량을 채운 보고서를 작성해야 한다. 그러나 앞에서 알아본 대로 단 3가지 항목이 핵심 구성이다. 그리 많지 않은 양이지만 피보고자가 알고 싶어 하는 내용이 모두 들어가 있다.

핵심 내용을 제외한 다른 부가적인 내용과 자료는 모두 첨부(Appendix)로 옮겨놓았을 뿐이다.

한 가지 더 생각해보자. 박 과장에게 보고를 지시한 팀장과 팀장에게 보고를 지시한 부서장은 앞에서 살펴본 보고의 결론 및 목적(What)을 과연 모르고 있었을까? 아니다. 누구보다 해당 프로모션의 의도와 목적을 더 잘 알고 있었을 것이다.

그렇다면 해당 보고서를 더 줄일 수 있지 않을까? 핵심의 핵심, 그들이 정작 꼭 알고 싶어 하는 것 말이다. 무엇일까? 바로 비용 대비 얼마나 큰 '수익과 기대 효과'가 나타날 수 있느냐이다. 이를 고려하면 다음과 같은 보고서를 작성할 수 있을 것이다.

실전! 1페이지 보고서

2024 서울 마라톤 PRE-RACE EXPO 기획 건

스포츠 마케팅팀(2024. 01. 08)

1. 결론 및 목적(What)

▶ TTL 타깃 : SNS 관련 게시물 총 1만 개 & 비용 대비 수익률 253%

1) 바이럴 & SNS
- 인스타그램, 유튜브, 블로그 등 행사 기간 총 1만 게시물 업로드 목표

2) 오프라인 / 온라인 Total(*자세한 수치 자료 첨부)
- 입점객 목표 : 총 44,000명(전년 동 기간 +220%)
- 매출 목표 : 총 580,000,000원(전 매장 Total, 전년 동 기간 +180%)

2. 진행 계획(How)

▶ Promotion 진행 계획

1) 일정 및 장소 : 2024. 01. 18~29(총 12일간) / 플래그십 매장 등 총 5개 매장

---

2) Promotion 계획
- 오프라인 5개 매장
  ① 체험 이벤트 : 착화 이벤트, 사진 모자이크, 3D Foot 스캐닝, MY 프린팅 티셔츠 등
  ② 서울 마라톤 참가권 이벤트 : 'adiZero' 제품 구매 시 참가권 선착순 증정(총 300명)
  ③ 'YOU GOT THIS' 매장 내외부 POP 설치 및 모든 입장 고객 손목 밴드 증정(총 2만 개 선제작)
- 온라인(자사 홈페이지)
  ① Lucky Draw : 마라톤 참가 신청자 중 Lucky Draw를 통해 일 10명 사은품 증정(총 120개 양말 증정)
  ② 서울 마라톤 참가권 이벤트 : 'adiZero' 제품 구매 시 추첨을 통한 참가권 증정(총 150명)
→ 총 예상 비용 : 150,000,000원(오프라인 : 100,000,000원, 온라인 : 50,000,000원)

3. 기대 효과(Effect)

▶ 대한민국 대표 마라톤 대회인 서울 마라톤의 홍보 시작 및 adidas의 새로운 캠페인 & 런칭 러닝화 홍보

1) 러너 대상 서울 마라톤 참가권을 통한, 다양한 ON / OFF Promotion 진행을 통한 행사 홍보
2) ON / OFF Promotion을 통해 adidas 새로운 캠페인 'YOU GOT THIS' 홍보
3) 매장 내 OFF 체험 이벤트를 통한 adidas New 콘셉트 'adiZero' 기술력 홍보 및 판매 진행
4) PRE-RACE EXPO를 통한 adidas 다양한 러닝 제품 구매 유도 및 서울 마라톤 참가 홍보

4. 첨부(Notice-Appendix)

→ 관련 시안 및 자료, 프로모션 견적, 스케줄표

▲ 피보고자의 기획 의도 숙지 여부, 해당 보고의 활용 여부에 따라 '3. 기대 효과(Effect)'는 삭제 가능

같은 내용의 보고서에서 단순히 항목의 위치만 바꾸었다. 그러나 두 보고서의 느낌은 확연히 차이가 난다. 보고의 목적을 어디에 놓느냐에 따라 달라진 것이다. 이 차이를 만드는 것은 보고 자체가 피보고자의 지시 사항인지 아니면 보

고자가 자의적으로 기획해서 제안하는 것인지에 따른 것이다.

그러나 아직 이 내용이 어렵거나 이해하기 힘들다면 굳이 심각하게 고민하지 않아도 된다. 두 보고서 모두 중요 핵심 포인트가 들어갔기 때문이다. 두 보고서는 어느 것도 틀리지 않았다. 보고서 작성 시작 주체가 누구인지에 따라 구성이 달라진다는 것만 숙지하고 있으면 된다.

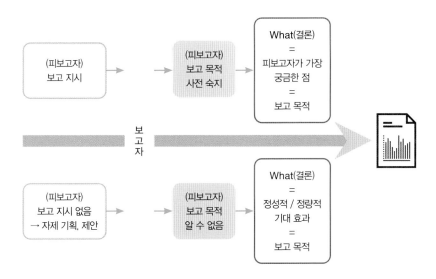

PPT로 1페이지 보고서 구성하기

앞에서 살펴본 프로모션은 필자가 재직 중인 회사에서 진행이 되었던 실제 이벤트로, 참가해본 독자가 있을 수도 있다. 그럼 추가로 앞의 프로모션에 대한 완료/결과 보고서를 작성해보겠다. 해당 부서에서 보고한 실제 자료이다. 이 자료를 통해 1페이지 Summary(요약)를 PPT로 구성하는 방법도 간단히 알아보겠다.

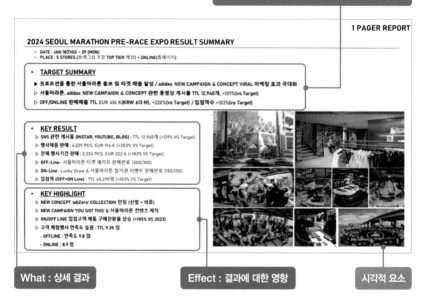

1페이지 보고서를 워드 문서에 작성하든 이메일에 작성하든 파워포인트로 작성하든 본질은 전혀 다르지 않다. 구성 내용은 동일하며 구조만 다를 뿐이다. 그러나 PPT로 만들 때는 파워포인트의 특징을 알고 작성해야 한다.

파워포인트가 만들어진 가장 큰 이유는 프레젠테이션(발표)을 더 잘할 수 있게 도움을 주기 위해서다. 다시 말해 시각적 요소를 최대한 이용하라는 말이다. 프레젠테이션하지 않는다고 PPT 문서에 깨알같이 글씨만 써서는 안 된다는 말이다.

📑 시각적 요소 이용이란?

1 시각적 구조화 = 구성 항목 단위로 스토리텔링 구조화 필요

2 시각적 자료 추가 = 사진, 그래프, 도표, 도형 등을 통한 도식화

2의 시각적 자료는 보고하는 내용에 따라 달라질 수 있다. 어떤 성과나 결과 수치가 들어가야 한다면 비교 그래프나 표가 들어가야 하고, 일정이나 계획이 들어가는 보고서에는 시간 또는 기간을 나타내는 도식화 자료가 들어가야 한다. 그래야 Key Message를 설명하는 데 효과적이다. 도식화를 통해 최대한 가시성이 좋게 하는 것이 파워포인트 보고의 장점이다.

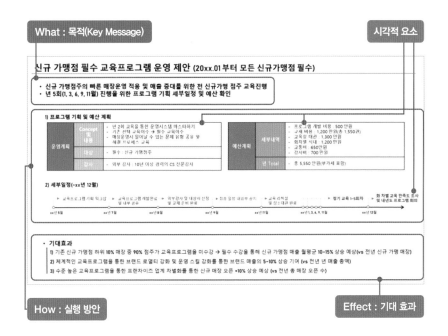

　어렵지 않다. 글 형식으로 썼던 내용에 시각 자료를 넣어 목적(Key Message)을 더 강화했을 뿐이다. 누차 강조하지만 보고서의 핵심과 본질은 변하지 않는다. 핵심 내용을 이해하기 쉽게 논리적으로 구성(스토리텔링)하고, 궁극적으로 전달하려는 목적(Key Message)은 시각 자료를 활용해 집중도와 이해도를 높이는 것이다. 쉽게 말해 문서를 시각화한다고 생각하면 된다.

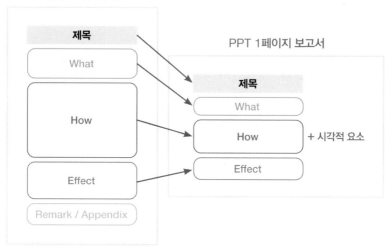

시각 자료를 쉽게 생각해내지 못할 수도 있다. 아직 경험이 없기 때문에 당연하다. 조금만 더 익숙해지고 보고서 작성 횟수가 늘어나면 1페이지 보고서는 어떠한 식으로도 구성할 수 있다는 자신감이 생길 거라 확신한다.

기획서도
어렵지 않다

'기획서? 보고서도 작성하기 어려운데, 기획서는 또 어떻게 쓰는 거지?'라고 생각할 수 있다. 그러나 기획서도 보고서와 본질은 같다. 다만 문서의 목적과 용도, 보고 대상 및 주체, 작성 기준에 따라 기획서, 보고서, 제안서로 나뉜다. 지금까지 보고서 작성법을 알아보았으니 기획서의 추가 특징만 알면 기획서를 어렵지 않고 쉽게 작성할 수 있을 것이다.

먼저 제안서를 포함한 3가지 문서의 특징을 알아보고, 기획서를 구성하는 법도 알아보자. 다음 표는 앞서 얘기한 제안/요청 보고서, 기획서, 제안서의 특징을 정리한 것이다. 경험이 많지 않아 복잡하게 생각할 수도 있지만 지금까지 배운 내용을 생각해보며 차이점을 생각하면 쉽게 구분할 수 있을 것이다.

기획서와 보고서, 제안서 비교하기

구분	기획서	보고서	제안서
대상	내부	내부	외부(비즈니스 파트너)
목적	새로운 제도, 제품, 시스템 또는 업무 개선 위해(신사업 또는 특정 목표 달성 위해)	[문제] 발생에 대한 [원인]을 파악하고 [제안]을 위해(의사 결정 / 의견 수립에 필수)	제안받은 사업을 어떻게 수행할지 또는 제품, 기술, 서비스, 프로젝트 등을 제공하기 위해
중요 포인트	• 서론 중요 • 기획 의도 / 배경 또는 문제점 / 현상 분석 중요	• 본론 중요 • What, How의 진행 여부를 판단하기 위한 근거 중요	• 본론 중요 • 파트너에게 중요한 점은 제안받은 사업이 잘 진행되고, 될 수 있는지가 중요
작성 포인트	문제점이나 현상 분석을 통한 구체적 해결 방법(실행 계획) 제시	What과 How를 통한 Effect의 영향 중요	자사의 강·장점을 통한 사업 수행 역량, 경험 강조
사실/의견 포인트	문제점, 현상 분석 → 의견, 아이디어 (생각 중심)	문제점, 현상 분석 → 의견, 아이디어 (사실 중심)	사업 수행, 재화 제공 → 의견, 아이디어 (사실 중심)
분량	제한 없음	1~5페이지 이내 (가능하면 짧게)	제한 없음

먼저 기획서의 정의를 알아보자. 여기서 중요한 포인트는 '지금까지 회사에 도입되지 않았던 새로운 제도나 업무 개선을 위한 제안'이다. 한마디로 '새로운 것 만들기', 기존에 없던 것을 만든다는 것이다. 새로운 것은 당연히 회사에 도움이 되는 것이며 시스템 개선이든, 제품이든, 마케팅이든, 직원들을 위한 복지든, 그 어떤 것도 상관없다. 회사에 도움이 되니까! 투자 대비 효과가 더 커

서 회사에 도움이 되면 궁극적으로 매출이 늘어날 수 있다는 간단한 논리에서 출발한다. 회사에서 일어날 수 있는 모든 일 중 기존에 없었지만 새로운 기획을 통해 회사에 도움이 될 것을 구체적 계획을 세워 문서화하는 것을 의미한다. 앞서 배운 제안/요청 보고서와 목적은 같지만 그 범위만 다를 뿐이다.

기획서란?

기획서란 지금까지 회사에 도입되지 않았던 새로운 제도나 업무 개선을 위한 제안, 신제품의 개발 및 판매를 위한 마케팅 계획, 인사 및 총무에 대한 개선책 등 기업에서 일어날 수 있는 다양한 일들에 대해 구체적으로 계획을 수립하여 제출하는 문서

보고서는 [문제] 발생에 대한 여러 종류의 문서를 작성한다면, 기획서는 [문제]를 찾고 그 문제에 대한 아이디어(작성자 의견)를 통해 구체적인 계획을 수립하는 것이다. 참고로 기획서에서의 [문제]는 보고서에서의 [문제]와 조금 다르다. '회사에 이런 제도, 시스템 등이 있으면 업무 효율이 더 높아지거나 직원 만족도가 높아질 것이다.' 등의 사항도 포함한다. 문제의 범위를 더 광범위하게 설정해야 한다.

새로운 것을 만들어내는 것을 다르게 말하면 '비용'이다. 새로운 것을 위해 회사는 인적, 물적 비용을 써야 하기에 최대한 구체적으로 설득력 있게 작성해야 한다. 보고서와 비교해서 차이점이 가장 도드라지는 구성 요소는 '서론'이다. 새로운 것을 진행하기 위해서 '이게 도대체 왜 필요하냐?'에 대한 배경(현상) 분석이 매우 중요하기 때문이다. 또 문제 해결을 위한 프로세스도 잘 구조화해야 한다. 이 말은 보고서와 비교해 목차 구성이 매우 중요하다는 말이다.

📑 보고서의 [문제]와 기획서의 [문제]

- 보고서의 [문제] = 사건, 이슈, 상황, 갈등, 불만, 요청, 필요 개선, 잠재적 문제, 예상 가능 문제 / 사건 / 상황
- 기획서의 [문제] = (미래를 위한) 업그레이드 필요 사항(제도, 제품, 시스템, 프로젝트, 프로그램 등 조직 내에서 일어날 수 있는 모든 것)

위와 같이 보고서의 구조와 기획서의 구조는 크게 차이가 없다. 기획서는

분량 제한이 없고, 전달해야 하는 사항이 많을 수 있어, 목차가 반드시 필요하다. 그러나 목차와 개요를 제외하면 보고서와의 구성은 전혀 다르지 않다.

기획서, 보고서, 제안서 모두 본질은 같다. '문제-원인-제안'을 통해 문제의 핵심을 찾고, 그 핵심을 잘 해결할 수 있는 방안과 그 근거와 기대 효과를 적어주면 문서는 쉽게 완성될 수 있을 것이다. 기획서, 제안서도 큰 틀에서 보자면 상사에게 보고하는 의미를 가졌으므로 보고서의 종류 중 하나라고 이해하면 된다. 지금까지 배운 보고서의 본질을 잘 생각해서 작성한다면 어렵지 않게 기획서를 작성할 수 있을 것이다.

보고의 끝은
구두 보고

지금까지 문서를 작성해서 보고하는 보고서 작성법에 대해서 알아보았다. 그러나 보고 능력에는 문서로 만든 보고서(서면 보고)뿐만 아니라 구두 보고도 포함된다. 보고가 문서 작성과 구두 보고 2가지로 구성되어 있다 보니 아무리 문서의 구성을 잘 기획하고 내용을 알차게 구성했다 하여도 구두로 그 보고를 잘 설명하지 못하는 경우가 생긴다. 이런 경우 성과도 잘 드러내지 못하고, 잘 해놓고 더 좋은 피드백도 받지 못할 것이다. 구두 보고를 위해서는 설득력, 전달 능력 등의 커뮤니케이션 스킬도 매우 중요한 이유이다.

보고 능력 = 보고서(문서 작성) + 구두 보고

구두 보고는 이렇게 4가지로 구분할 수 있다.

- 보고서 보고
- 도움 요청 보고
- 현황 보고
- (개인) 성과 보고

보고서 보고란 피보고자가 나에게 요청한 보고서 작성을 완성한 후 그에 대해 구두 보고를 하는 것이다. 이외의 보고 종류는 단어의 의미로 그 뜻을 알 수 있기에 설명은 생략하겠다.

구두 보고는 생각보다 쉽지 않다

사실 우리는 구두 보고를 서면 보고보다 쉽다고 생각하는 경우가 많다. 왜냐하면 글로 복잡하게 문서를 작성하는 것이 말로 하는 것보다 어렵다고 생각하기 때문이다. 물론 절대적인 시간에서는 서면 보고가 더 많은 시간과 노력을 할애할 수 있고, '어떤 문장 표현을 선택하느냐'에 따라 의미가 달라져 내용 전달 과정에서 오해가 일어날 수 있다. 하지만 구두 보고도 자칫 횡설수설하거나 중요한 포인트를 이야기하지 않는 경우, 논리가 없어 상대를 제대로 이해시키지 못하게 만드는 경우도 정말 많다. 아마 상사에게 구두 보고를 하며 머릿속이 하얘진다거나 생각지도 못한 관련 질문에 '멘붕'이 왔던 적도 있을 것이다. 또는 내가 생각하고 하려 했던 말과는 다르게 보고를 하고 자리에 돌아와 한숨을 쉬었던 경험도 있을 것이다.

이런 구두 보고의 어려운 점을 간단히 해결할 수 있는 '논리적으로 말하는 PREP 기법'을 소개하겠다. 사실 이 기법은 우리가 이미 일상에서도 많이 사용하고 있다. 이 기법을 알아두면 회사에서뿐만 아니라 일상에서 나의 의견을 상대방에게 논리적으로 전달할 때도 정말 유용한 기법이니 잘 숙지하길 바란다.

논리적으로 말하는 PREP 구조

- P(Point) : 핵심 메시지, 주장, 의견
- R(Reason) : Point를 뒷받침할 수 있는 이유
- E(Example) : 사례, 근거
- P(Point) : 기존 핵심 메시지를 한 번 더 강조(불필요 시 삭제 가능)

우리의 일상적인 회사 생활에서 일어나는 대화를 통해 쉽게 설명해보겠다.

팀장님! 신입에서 2, 3년 차 사원들에게 보고서 작성 강의가 필요할 거 같아요.

갑자기 왜요?

사원들은 보고서 쓰는 걸 힘들어 하고, 각 부서 팀장님들은 보고서 수준에 불만이 많더라고요.

아, 그래요?

신입이나 2, 3년 차 사원들은 제대로 교육을 받은 적이 없다고 하고, 각 부서 팀장님들은 사원들이 보고서 종류의 개념과 구조화조차 안 돼서 업무의 효율이 많이 떨어진다고 합니다.

그럼 정말 빨리 교육을 해야겠는데요?

네, 정말 하루빨리 보고서 강의가 필요합니다. 그럼 대략적인 일정과 비용을 확인해보겠습니다.

팀원의 말을 다음과 같이 이야기했다고 생각해보자.

- P(Point) : 신입에서 2, 3년 차 사원들에게 보고서 작성 강의가 필요할 것 같아요.
- R(Reason) : 사원들은 보고서 쓰는 것을 힘들어 하고, 각 부서 팀장님들은 보고서 수준에 불만이 많더라고요.
- E(Example) : 신입이나 2, 3년 차 사원들은 제대로 교육을 받은 적이 없다고 하고, 각 부서 팀장님들은 사원들이 보고서 종류의 개념과 구조화조차 안 돼서 업무의 효율이 많이 떨어진다고 합니다.
- P(Point) : 정말 하루빨리 보고서 강의가 필요합니다(불필요 시 삭제 가능).

PREP 기법을 사용해서 논리적으로 자기의 의견(Point)을 전달하였다. 두 번째 대화처럼 이야기하면 상대방은 첫 번째 대화처럼 "왜요?"라는 말을 하지 않는다. 그 이유는 논리적으로 말했기 때문이다. 즉, 상대방이 이해할 수 있도록 말이 되게 이야기한 것이다. 나의 주장(Point)을 이야기하고 그 주장에 대한 이유(Reason)를 밝혔기 때문이다. 추가로 주장을 강화하는 사례(Example)를 이야기해주고, 내 의견(Point)을 한 번 더 강조한 대화이다. 이렇듯 PREP는 일상에서도 정말 다양한 상황에 적용할 수 있다. 다시 보고로 돌아와 PREP를 활용해 구두 보고 전에 보고할 내용을 머릿속에 정리해야 한다.

여기서 잠깐! 상사에게 가서 바로 다음과 같이 이야기한다면 상사는 조금 당황할 수 있다. 상사도 많은 보고를 받고 팀에서 일어나는 모든 상황을 바로 생각해낼 수 없는 경우가 많다. 팀장도 팀원과 같은 직원이지 컴퓨터는 아니기 때문이다.

팀장님, 지난주 리뉴얼 오픈한 롯데 안산 매장 시스템 운영팀에서 POS 점검으로 오픈 시간이 한 시간 늦어졌고, 일주일 매출은 4,500만 원입니다. 타깃 대비 +125% 달성했습니다. 매출 상승 이유는 …

이런 경우 우리가 보고할 때 PREP에 B2WHEN에서 배운 배경 상황(Background)를 넣어주어야 한다. 그러면 완성도 있는 구두 보고를 할 뿐만 아니라 보고하는 상사에게도 "○○ 건에 대해 보고 드리겠습니다."라고 리마인드를 줄 수 있기 때문이다.

- B(Background) : 팀장님, 지난주 리뉴얼 오픈한 롯데 안산 매장에 대해 특이 사항 및 일주일간 오픈 매출 보고 드리겠습니다. 시스템 운영팀에서 POS 점검으로 오픈 시간이 한 시간 늦어져 12시에 매장을 오픈하였습니다.
- P(Point) : 해당 매장 일주일 매출은 4,500만 원입니다. 타깃 대비 +125% 달성했습니다.
- R(Reason) : 매출 상승 이유로는 백화점에서 회원들에게 전달한 모바일 할인 쿠폰의 사용 수가 전년 대비 +110% 증가해서 쿠폰 사용 금액이 1,200만 원 상승했고요. 현재 광고하고 있는 Superstar XLG 콘셉트 제품의 재고를 많이 확보하여 3,200만 원 판매 매출이

나왔습니다. 이런 결과로 전년보다 동기간 대비 +25% 상승한 매출이 발생하였습니다.

- E(Example) : 특히 Superstar XLG의 AA1234라는 제품은 총 80족을 팔아서 1,000만 원 이상의 매출을 올렸고, BB5678 제품도 총 50족을 팔아서 600만 원 이상의 매출을 올렸습니다.
- P(Point) : 지난주뿐만 아니라 다음 주 또한 모바일 쿠폰 발송 예정이고, 현재 5개월 이상 팔 충분한 재고가 있어 매출 상승이 지속될 것 같습니다.

이렇게 Background를 추가해 PREP를 사용해보니 훨씬 더 좋은 구두 보고가 된다. 물론 상사가 이미 잘 알고 있는 건의 보고나 아주 간단한 보고는 Background를 간략하게 이야기하거나 생략해도 무방하다. 아래는 Background에 변경 사항이나 특이 사항 등을 포함한 보고 내용이다. 이렇게 Background에 지시 시점과 다르게 피보고자가 꼭 알아야 하는 중요 내용(변경 사항, 이슈 발생, 특이 사항 등)이 있다면 이 점을 이야기해야 PREP의 주장을 쉽게 전달하고 이해할 수 있다.

- B(Background) : 팀장님, 지난주 요청하신 신제품의 대안 광고 콘셉트 보고 드리겠습니다. 어제 추가로 가이드주신 스탠스미스 제품 PPL 포함 건을 업데이트한 시안입니다.

이렇게 중간에 추가된 특이 사항을 이야기하고 PREP를 사용하면 된다. 혹시 보고서 보고 시 B2WHEN을 BPREP에 적용한다면 다음과 같을 수 있다. 단, 구두 보고는 이미 보고서를 전달했거나 보고서와 같이 보고하는 건이기 때문에 정말 간단하게 핵심 메시지와 키워드를 전달해야 한다.

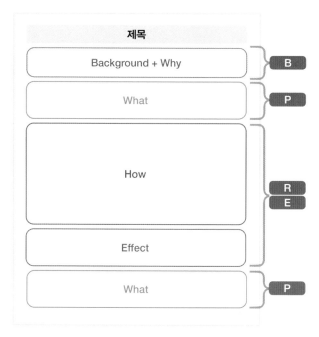

▲ 강조를 위해 맨 아래 P(Point)는 생략 가능

구두 보고를 잘하기 위한 5가지 팁

첫째, 메모한 것을 챙겨라

아무리 머릿속에 보고 내용을 정리하고 PREP 연습을 많이 했더라도 꼭 필요한 내용을 전달하지 않았다면? 보고자는 아쉬움이 남을 것이고 피보고자는 전달 또는 설득력이 부족하다고 느낄 것이다. '선배들은 아무도 메모를 안 해간다고?', '메모를 하면 조금 일 못하는 사람으로 보인다고?' 제발 그런 생각은 버리고 더 꼼꼼히 보고하는 인상을 줄 수 있도록 다이어리나 포스트잇에 키워드 중심으로 메모하고 그 메모를 활용해 완성도 있는 구두 보고를 하기 바란다.

둘째, Key Message의 의도, 근거, 추가로 고민한 부분을 설명하라

PREP에 의해 보고 내용을 논리적으로 이야기하고 '이 보고서를 만들면서 어떠한 고민을 했는지, 어떤 관점과 포인트로 접근해서 이런 결과물이 나왔는지'를 간단하게라도 덧붙여 설명해주는 것이 상사가 보고서를 이해하는 데 큰 도움이 된다.

추가로 보고서를 작성할 때 고민했던 2안, 3안이 있었다면 그 부분도 이야기해주는 것이 좋다. "팀장님, 이 전략이 마음에 안 드시면 ○○ 대안도 생각해보았으니 의견을 주시면 추가로 보고 드리겠습니다." 이렇게 말하면 추가 대안도 고민해보고 다른 관점의 의견도 있지만 왜 1안으로 보고서를 작성했는지를 설명해서 내 의견을 강화할 수도 있다.

구두 보고 시에도 참고 사항(Remark)을 잘 활용하면 내가 어떤 생각을 가지고 보고서를 작성했는지, 얼마나 다양한 각도에서 생각해보고 일을 했는지, 열심히 일한 '티'를 말 한두 마디에 고스란히 전달할 수 있다.

셋째, 예상 가능한 질문에 대비하라

보통 주니어(5년 차 미만) 때는 상사가 어떤 질문을 할지 파악이 되지 않고, 보고하는 데 신경을 써서 상사의 질문에 대한 준비를 전혀 하지 않는다. 그러나 사안이 중요하고 복잡할수록, 또는 보고 내용이 이해가 되지 않을수록 반드시 질문을 받을 것이고, 생각지 못한 돌발 질문도 받을 수 있다. 이런 상황이 발생하면 어떻게 할 건지, 타 부서와 협의는 되었는지, 이 제안이 잘 안되었을 경우 대안이 있는지 등에 대한 질문이다.

그렇기 때문에 보고하기 전 보고 내용에 대해 피보고자 입장에서 궁금한 점을 답변으로 정리하고 보고하는 것이 좋다. 익숙하지 않을 때는 예상 질문을 직접 글로 정리하는 것을 추천한다. 상사는 컴퓨터가 아니고 모든 일을 알고 있는 사람이 아니다. 보고를 하는 내가 작성한 보고서나 보고하는 내용에 대해서는 내가 누구보다 정확히 내용을 파악하고 핵심을 꿰뚫고 있어야 모든 질문에 수월하게 답변할 수 있다.

한 가지 더! 보고서에 들어간 핵심 숫자(수치)는 반드시 기억해야 한다. 그 숫자의 정확한 의미는 무엇인지, 그와 관련된 중요 숫자는 무엇이 있는지 정확히 알고 있어야 한다. 보고 내용에 대한 의견, 생각은 임기응변으로 충분히 대처할 수 있지만, "이 금액은 어떻게 나온 금액인가요?"라는 질문을 받았을 때 숫자를 알면 답변할 수 있고 모르면 대답할 수 없기 때문이다.

넷째, 후속 계획은 반드시 숙지하라

구두 보고 종류와 보고 주제에 따라 다르겠지만, 완료/결과 보고서, 회의 요약 보고서를 제외한 모든 보고서에는 후속 계획을 반드시 준비하는 것이 좋다.

상사도 충분히 알고 있다. 정답을 요구하는 것이 아니라 보고 내용에 대한 향후 계획이나 대비책 등을 점검하고 싶기 때문이다. 또 그 책임은 상사 본인에게 있기에 그 시점에서의 최선의 후속 계획을 생각해왔길 원한다.

다섯째, 상사도 나의 동료다

다음 두 사람 중 누가 더 회사 일을 효율적으로 잘할 수 있을까?

회사 여러 부서에 친한 사람이 많은 경우

VS

자기 혼자 일을 열심히 하는 경우

당연히 회사에 친한 사람도 많고 일도 열심히 하는 직원이 베스트일 것이다. 그러나 여기서 말하려고 하는 포인트는 회사에 친한 사람, 인간적으로 유대관계가 있는 사람이 그렇지 못한 사람보다 훨씬 일을 효율적으로 한다는 것이다. 회사는 다양한 부서가 유기적으로 연결되어 일하기 때문이다. 필자 역시 회사 경력이 길어질수록, 직급이 높아질수록 더 느낀다. 내 팀, 부서뿐만 아니라 여러 부서에 인간적으로 친한 사람이 많아야 협의 사항도 편하게 이야기할 수 있고, 일도 빨리 처리된다. 개인주의 성향이 강한 미국이나 유럽 국가에 비해 아직 우리는 함께하는 집단주의가 강하다. 당연하지만 우리는 컴퓨터가 아니라 사람이기에 유대관계는 너무나 중요한 포인트다.

지금 이 책을 읽는 여러분은 부서원들과 타 부서 동료들은 둘째 치고라도 나의 직속 상사인 팀장과 친하다고 생각하는가? 친하지는 않더라도 가끔은 대화를 조금 하는 편인가?

대부분은 그렇지 않을 것이다. 그러나 우리가 2장의 설문조사에서 살펴본 바에 따르면, 설문조사에 참여한 20명의 팀장 중 80%가 '보고자가 보고를 어렵게 느끼는 가장 큰 이유'로 '상사의 정확한 보고 목적 파악'을 꼽았다. 그 보고 목적을 정확히 파악하는 방법으로는 상사와의 커뮤니케이션이라고 답했다. 나와 별로 친하지 않은 팀장님과, 별로 친해지고 싶지 않은 상사와 대화해야 한다는 것이다. 게다가 보고의 진행 상황에 따라 중간 보고도 해야 한다.

이럴수록 인간적으로 친해지면 편하다. 나를 위해서 친해지라는 말이다. 상사와 친해지면 절대 나쁜 말이 오가지도 않는다. 퉁명스럽게 피드백을 주던 팀장이 아주 친절한 서비스 직원으로 변하는 모습도 볼 수 있다.

그들도 회사 밖에서는 동네 형, 누나, 삼촌, 이모 같은 분들이다. 그들 역시 신입 사원이었고 얼마 전까지 팀원의 자리에서 상사의 지시에 대해 보고만 하는 입장이었다는 것이다. 보고를 잘하는 정말 중요한 팁 중의 하나는 상사와의 친밀한 관계라는 것은 너무나도 명백한 사실이다. 상사와 좋은 관계를 유지하는 것 또한 큰 능력이다.

상사와 친해지면 자다가도 떡이 떨어진다.

이 말은 상사에게 아부를 떨거나 입에 발린 소리를 하라는 말이 아니다. 같이 일하는 동료로서, 선배로서 친해지면 좋은 일이 일어날 확률이 더 높다는 의미이다. 그들은 항상 여러분들과 친해질 준비가 되어 있다. 우리가 다가가지 않았을 뿐이다.

보고서 전달 전에 챙겨야 할 것들

마지막으로 보고서 전달 전 체크리스트를 알아보겠다. 간단하지만 귀찮거나 번거로워서 잘 하지 않는 것들이다. 실무에서는 작은 차이가 일반 보고서와 잘 완성된 보고서의 차이를 만들기 때문에 꼭 숙지하기 바란다.

📑 보고서 전달 전 체크리스트

1 오탈자나 마침표 등 문장부호가 잘못 들어간 곳은 없는지?

2 불필요한 문장과 내용은 없는지?

3 보고서 전체의 구성 항목은 잘 갖추어져 있는지?

4 표, 그래프 등 도식화 자료의 설명은 충분한지?

5 중복됐거나, 누락된 부분은 없는지?(MECE)

6 문장 어미의 통일이 잘되어 있는지?

7 전체적인 레이아웃에 이상이 없는지?-구성 요소 간 순서, 배열 확인

* MECE(Mutually Exclusive Collectively Exhaustive) : 글로벌 컨설팅 기업 맥킨지에서 처음 사용한 단어. '누락 없이, 중복 없이'라는 내용으로, 빠뜨리거나 중복되는 부분 없이 내용을 정리하는 것을 의미

보고 능력 향상을 통해
더 나은 회사 생활을 진심으로 기원하며

올해 약 14년 경력의 직장인, 대학생 때부터 여러 기업에서 인턴으로 일하고, 국내 대기업 공채, 글로벌 기업 등을 10년 이상 경험했지만 필자도 얼마 전까지 보고에 대한 막막함이 있었다. 물론 보고에 대해 강의도 하고, 관심도 많고, 공부도 많이 하여 다른 사람보다는 부담감이 훨씬 적겠지만 그래도 보고는 필자에게 유쾌한 업무는 아니었다.

그러나 지금 보고는 필자의 장점과 능력을 드러내고 다른 동료들보다 좋은 평가를 받게 해주는, 필자에게는 회사 생활에서 큰 무기이다. 어느 기업, 조직을 가더라도 보고는 자신이 있다.

회사에서의 '일'은 성과와 보고로 구성되어 있다. 성과는 내가 일을 했다는 의미이다. 회사에 출근해서 메일을 확인하고 일의 우선순위에 따라 일을 처리하고 이번 주까지 처리하기로 했던 업무를 처리하기 위해 관련 부서와 미팅하는 등, 내가 맡은 모든 업무를 처리했다는 것을 의미한다. 이는 회사라는 큰 배가 원활히 목적지를 향해 순항할 수 있도록 내가 맡은 역할을 하는 것이다.

내가 맡은 일, 내가 처리한 일은 모두 상사에게 보고된다. 물론 내가 하는 모든 일을 상사에게 보고하는 것은 아니다. 내가 보고하는 일들은 나의 R&R(Role and Responsibilities : 역할과 책임) 중에 일상적으로 하거나 일상적인 업무가 아니어도 성과로 평가받을 수 있는, 다시 말해 상사가 반드시 알아야 할 일의 중요 결과물이다.

당사 홈페이지 관리 업무를 하는 내가 작은 아이디어를 통해 고객이 편리함을 느끼게 할 수 있는 UI를 변경하였다. 이로 인해 매출이 +10% 상승한 일을 하였는데 상사에게 보고하지 않아 상사와 부서장은 전혀 모르고 있다면 정말 나는 내 일만 한 것이다. 사실 내가 한 성과를 보고하지 않아 팀장, 부서장이 다 모르고 있다면 일을 하지 않은 것이다. 홈페이지를 담당하는 부서에서 그런 중요 사항이 변경된 것을 상사가 전혀 모르고 있기 때문이다.

열심히 노력해서 얻어낸 성과는 반드시 보고를 통해 상사에게 알려야 한다. 꼭 내가 한 일을 자랑하는 게 아니라 그 성과의 내용을 상사가 반드시 숙지하고 있어야 하기 때문이다. 이런 내용들을 상사가 인지하지 않고 있다면 타 부서와의 중요 미팅 등의 상황에서 상사의 의사결정이 좌지우지될 수도 있기 때문이다.

일 = 성과 × 보고

일은 이렇게 '업무 능력'과 '보고 능력' 2가지 기준으로 앞의 표와 같이 구분할 수 있을 것이다. 우리는 어느 위치에 있고 싶은가? 다 같은 생각일 것이다. 업무 능력 뿐만 아니라 보고 능력도 우수해 누가 봐도 부서, 회사의 에이스 일잘러가 되고 싶을 것이다. 그렇기에 우리는 보고 능력을 반드시 향상시켜야 한다.

사실 회사에서 일을 잘한다고 평가할 때 그 요소는 정말 다양하고, 평가하는 사람마다 그 기준이나 기준마다의 가중치는 모두 다를 것이다. 그러나 아무리 일을 잘하고, 커뮤니케이션 능력도 좋고, 타 부서와의 협업도 좋고, 눈치도 빠르고 똑똑하다 해서 '일을 잘한다'고 얘기하지는 않는다. 반드시 그 평가 항목에는 보고 능력이 있기 때문이다.

앞서 보고 능력 없이는 나의 행복한 삶이 없다고 이야기했다. 조금 잔인한 이야기지만 100% 사실이다. 그러나 반대로 보고를 잘하면 그 무엇보다 조직에서 나만의 강력한 무기를 가지는 것이다. 그 무기만 있으면 상사의 신뢰, 칭찬 나아가 승진의 보상, 여기에 노력 여하에 따라 높은 위치까지 충분히 갈 수 있다. 조금 과장하면 매슬로우의 인간 욕구 5단계의 가장 높은 '자아실현'까지 가능하다.

이 책을 읽고 실무에 적용하느냐, 책을 읽은 것 자체로 만족하느냐는 본인 몫이다. 단 여러분들도 이 책을 통해 필자가 경험한 보고의 즐거움을 얻었으면 하는 바람이다. 이 책의 가이드대로 써보고, 경험이 조금만 쌓이면 정말 보일 것이다. 어떻게 하면 상사(피보고자)가 만족하는 보고서를 작성하는지를!

이 책을 읽는 모든 독자가 '어떤 상사의, 어떠한 보고 지시에도 내가 만든 내 보고서를 통해 인정받는 보고서를 잘 쓰는 일잘러'가 되기를 진심으로 희망하고 고대한다. 아직도 많이 부족하지만 필자도 경험했고, 그렇게 하고 있기에, 여러분은 더욱더 충분히 가능하다. 이 책은 여러분이 가지고 있는 여러 권의 책 중 한 권의 책이다. 이 책의 단 한 문장이라도 여러분의 업무와 나아가 회사 생활에 도움이 된다면 이 책을 집필한 필자에게 큰 보람이자 행복이 될 것이다.

직장인 선배로서, 현재도 팀원들과 동고동락하는 동료로서 진심을 다해 집필한 진정성이 후배님들 한 분 한 분에게 잘 전달됐으면 하는 진실된 마음이다.

여러분의 삶과 회사 생활에 성취감과 즐거움이 가득하기를 두 손 모아 진심으로 기원한다. 힘들고, 어려운 회사 생활을 잘하고 있는 후배님들 파이팅!

이성윤
2024년 6월

각주

| 1장 |

1 〈직장인 촉박한 보고서 마감 최고 스트레스〉(매경ECONOMY, 2014), https://www.mk.co.kr/economy/view/2014/294279/

| 2장 |

1 〈직무역량의 근본론, 역량 빙산 모형(Iceberg Model of Competency)〉(커리어너스, 2024), https://contents.premium.naver.com/careerners/career/contents/240220140156062cf

| 3장 |

1 네이버 지식백과, 기업, https://terms.naver.com/entry.naver?docId=1071272&cid=40942&categoryId=31821

| 4장 |

1 〈"오늘 점심 장사 망쳤네"…KT 먹통에 자영업자 등 피해 속출〉(동아일보, 2021), https://www.donga.com/news/article/all/20211025/109897552/2

2 〈"회의 왜 하는지…" 직장인들 불만 이유 1위는〉(조선일보, 2023), https://www.chosun.com/economy/weeklybiz/2023/01/19/NANH4BX27NAK5FRJAJM4236IWM/

| 5장 |

1 〈경상도 사람만 아는 말 2탄 "지금 학교가?"〉(동아일보, 2013), https://biz.chosun.com/
site/data/html_dir/2013/08/22/2013082201408.html

2 《한번에 오케이! 보고서 작성법》(도영태 저/곽승훈 그림, 김영사, 2022)

| 6장 |

1 〈'숏폼' 콘텐츠 열풍, '틱톡, 유튜브 쇼츠, 인스타그램 릴스'로 "세상을 본다"〉(코스인코리아닷컴,
2023), https://www.cosinkorea.com/news/article.html?no=47668

2 〈에어부산, 24시간 응대하는 '챗봇 서비스' 시작〉(메트로신문, 2023), https://www.
metroseoul.co.kr/article/20230702500098

3 〈정용진 첫 호텔 '레스케이프', 오픈 전부터 소방법 위반〉(EBN, 2018), https://www.ebn.
co.kr/news/view/948887

4 〈'쇼핑 구독시대' 쿠팡-네이버, 온라인 쇼핑 양강구도〉(코스인코리아닷컴, 2023), https://
www.cosinkorea.com/news/article.html?no=48855

5 〈The State of Influencer Marketing 2022: Benchmark Report〉(Influencer
Marketing Hub, 2024), https://influencermarketinghub.com/influencer-
marketing-benchmark-report-2022/

6 〈2023년 글로벌 SNS 사용자 순위 TOP 10〉(CaTalk, 2023), https://catalk.kr/
information/most-popular-social-media-platforms.html

7 〈"틱톡 이용시간 인스타그램 제쳐...2025년엔 미국 최대 소셜플랫폼"〉(KBS뉴스, 2023), https://news.kbs.co.kr/news/pc/view/view.do?ncd=7759569

8 〈[2023 소셜 미디어 마케팅 보고서 요약] 마케터들은 소셜 미디어를 어떻게 활용하고 있을까?〉(콘텐타M, 2023), https://magazine.contenta.co/2023/05/2023-%EC%86%8C%EC%85%9C-%EB%AF%B8%EB%94%94%EC%96%B4-%EB%A7%88%EC%BC%80%ED%8C%85-%EB%B3%B4%EA%B3%A0%EC%84%9C-%EC%9A%94%EC%95%BD-%EB%A7%88%EC%BC%80%ED%84%B0%EB%93%A4%EC%9D%80-%EC%86%8C%EC%85%9C/

9 〈차세대 MTS 경쟁, '합쳐야 산다'〉(코스콤 뉴스룸, 2022), https://newsroom.koscom.co.kr/31400